Ben Schwarz

Das System der Verführung

Die geheimen Tricks der Aufreißer

www.6system.info

ISBN: 978-3-837-06076-8
3. Auflage

Herstellung und Verlag: Books on Demand GmbH, Nordstedt

Nur wenige reiche und mächtige Menschen sind besonders begabt, gebildet, charmant oder gut aussehend. Sie sind reich und mächtig, weil sie reich und mächtig sein wollen. Zu wissen, wo oder wer du sein willst, ist die wichtigste Voraussetzung für deinen Erfolg.

Wer kein Ziel hat,
wird kaum etwas erreichen.

Paul Arden

Inhalt

Vorwort zur 3. Auflage

Ich will, dass du dich gut fühlst! Denn Wohlbefinden ist deshalb ein so wertvolles Geschenk, weil wir es leider in den letzten Jahrzehnten versäumt haben, es uns zu gewähren. Ich möchte es dir ebenso schenken, wie ich es den wundervollen Frauen in meinem Leben schenke. Viel zu viele Menschen - und viel zu viele Frauen - haben verlernt, sich selbst glücklich zu machen. **Das Erste, worauf wir heute im Spiegel achten, sind die Dinge, die uns nicht an uns gefallen**. Wir verzichten ebenso auf die gute Emotion einer ehrlichen zwischenmenschlichen Beziehung und verlieren uns in Oberflächlichkeiten. Du, der du dieses Buch in Händen hältst, stehst am Scheideweg – auch wenn es dir noch nicht bewusst ist. Zwei Entscheidungen sind zu treffen, deren Ausgang für dein Leben von entscheidender Bedeutung sein wird. Zuerst solltest du dich fragen, was du im Leben *wirklich* willst. Ich kann es dir nicht vorschreiben – ich kann dir bloß Möglichkeiten aufzeigen, doch entscheiden musst du selbst. Und zweitens hoffe ich, du entscheidest dich dafür, mit deinen neu erworbenen Fähigkeiten wohlgesonnen umzugehen. Als wahrer Verführer wird es schon sehr bald in deiner Natur liegen, schnell durch die Masken hindurchblicken zu können, die die Menschen tragen. Nutze dieses Wissen nicht, um sie aufzuwühlen, sondern für positive Erlebnisse, die euch beiden Spaß bereiten. Du wirst bemerken:
Aus deiner Liebe allen Frauen gegenüber wird dir mehr zurückgegeben, als du es dir je vorstellen kannst – das verspreche ich dir.

Ben

Vorwort von Stefan Strecker

„Das ist keine gute Idee“, lächelte Ben und deutete mit einem Nicken in die Richtung des süßen Mädels ein paar Tische weiter. Nachdem er berichtet hatte, was er über sie am Abend vorher erfahren hatte, waren wir uns einig, dass es bestimmte Konstellationen gibt, in denen ein Womanizer verzichtet - egal wie zähneknirschend das innere wilde Tier nach dem süßen Saft des Lebens schreit, das ein frisch herüber geworfenes Lächeln von vollkommenen Lippen so freigiebig anbietet. Man müsste doch nur noch zugreifen…
Woran erkennt man einen guten Trainer? Er zeigt einem, wie leicht es ist, sich ins pralle Leben zu stürzen – und zeitgleich, dass von dem großen Kuchen nicht jedes Früchtchen gierig gepflückt werden muss. Manche sind weder reif noch süß oder schon angebissen und brauchen erst einmal eine verantwortungsvolle Psychowartung. Zu viele Männer, die verrückten Ideen merkwürdiger Vorbilder blind glauben, richten großen Schaden in der Frauenwelt an. Das ist das Problem mit falsch verstandener Verführung: sie findet nur zwischen Hirn und Hüfte statt – das Herz, das zwischen den beiden liegt, wird so geschickt vermieden, wie der nasse Fleck auf dem Bettlaken nach einer ausgiebig unanständigen Liebesnacht. Doch genau diese Stelle ist es, die die Verbindung schafft und ich hoffe, dass es dem guten Trainer gelingt, dort eine Kerze in dir anzuzünden, der du das gerade liest. Es ist die Verbindung zum glühenden Lebensgefühl, zur erfüllten Liebe, zum magischen Sex. Natürlich vermeidet man instinktiv

verletzte Körperstellen, damit sie heilen können. Doch sie so sehr zu vermeiden, dass man sie verleugnet, führt dazu, dass sie irgendwann abfaulen. Dann braucht man mehr Parfum, glänzenderen Schmuck, größere Hüte und Hemdkragen und von kleinen indischen Kinderhänden produzierte Verführerklamotten (und jaja, nur mit denen hat man Erfolg, nicht wahr?). Wie transformiert sich denn die ganze Verführungskunst, wenn man nicht nur erotisch und geistreich, sondern zugleich... *liebevoll* mit den Frauen umgeht? – OhmeinGotthatergeradedasverboteneWortbenutzt?!
Es ist immer wieder schön und einzigartig, einen der seltenen Exemplare mit Griff im Schritt zu begegnen, die das erkannt haben. Und ich schmeiße gleich zwei Partys, wenn das auch noch ein Verführungstrainer ist! Ben ist ein solcher Trainer und er hat bisher jeden Test bestanden. Ich kann ihn jedem Mann und jeder Frau wärmstens empfehlen.

Stefan Strecker praktiziert leidenschaftliches NLP seit 1997, veröffentlichte das deutschlandweit erste Buch zum Thema Verführung 1999, ist seitdem in zahlreichen Fernseh- und Radioauftritten zu sehen. Mit Gründung des Strecker-Verlags folgten weitere Buch- und Medienveröffentlichungen, er ist Mitgründer des Lanka Hope e.V. zur Gründung und Unterhaltung eines Waisenheimes in Sri Lanka und veranstaltet deutschlandweite Seminare und Coachings zu verschiedenen NLP-Themen.

Mehr von Stefan findest du auf **www.6system.info**

Vorwort des Autors

Wir leben in einer fantastischen Zeit. Einer Zeit, in der Wissen ein allgegenwärtiges Gut ist. Das war sehr lange nicht der Fall. Den Großteil der Menschheitsgeschichte war Wissen ein Gut, das sich nur jene leisten konnten, die genug Zeit und Geld zur Verfügung hatten. Aber die Zeiten haben sich geändert. Heute steht dir jedes Wissen der Welt in Sekundenbruchteilen zur Verfügung. War es früher schwierig, überhaupt an Wissen zu kommen, so besteht die **Schwierigkeit** heute darin, **die essentiellen Informationen herauszufiltern**.

Diese Arbeit nehme ich dir ab. Du hältst dieses Buch aus einem bestimmten Grund in Händen. Ich werde dir zeigen, wie du in kürzester Zeit der Mensch werden wirst, der du immer sein wolltest. Du verlangst von mir, dass ich dir den richtigen Weg weise. Erlaube mir im Gegenzug auch etwas von dir zu verlangen – und zwar die **Bereitschaft, Neues auszuprobieren!**
Du musst dich hier und jetzt bereit erklären, dich selbst objektiv und mit einer gewissen Distanz zu betrachten und dich zu fragen: Ist mein Leben *exakt* so, wie ich es gerne hätte?

Denn auch wenn du vorrangig nach Erfolg mit Frauen strebst, so wirst du doch bemerken, dass deine Veränderung auch dein restliches Leben positiv beeinflussen wird. Dies ist der Grund, weshalb du bereits jetzt, zu Beginn des Buches, in größeren Dimensionen denken solltest. Denn was du in den kommenden Wochen erlebst, wird dein Weltbild womöglich so drastisch verändern, dass du zurückblickst und dich fragen musst: „Wie konnte ich nur so blind sein?“ Sei ehrgeizig und setze dir hohe Ziele – denn es ist leichter, kleine Hürden zu nehmen, wenn dich am Ende deines Weges auch eine große Belohnung erwartet.

Du brauchst keine Angst vor dir zu haben! **In dir schlummert ein riesiges Potential**. Es wartet nur darauf, entdeckt, gebündelt und entfesselt zu werden. Aber nur demjenigen, der bereit ist, sich selbst gegenüber ehrlich zu sein, wird eine Änderung von Dauer gelingen. **Ich habe dieses Buch nicht geschrieben, um dir dabei zu helfen, dich selbst zu belügen.** Vielleicht spreche ich ab und zu in einem harten Ton zu dir. Ich will dich damit anspornen. Gibst du öfters Zweifeln nach und begehst womöglich sogar den größten Fehler, nämlich aufzugeben, bevor du überhaupt begonnen hast, dann solltest du besonders gut darauf Acht geben, deine Ziele immer klar vor Augen zu haben.

Wer nie einen Fehler macht,

macht wahrscheinlich sowieso nicht viel.

Denn **es sind unsere Ziele, die uns motivieren**, die uns antreiben, die uns auch dann nicht aufgeben lassen, wenn alle anderen uns einreden wollen, dass wir es sowieso nicht schaffen. Die anderen sind Feiglinge und als solche werden sie immer nur

Durchschnitt bleiben. Aber du wirst jemand sein, der weitermacht, jemand, der die Zähne zusammenbeißt und sich ruhigen Gewissens darauf verlassen kann, dass ein kleiner Stein im Weg nichts ist im Vergleich zu der Belohnung, die ihn erwartet. Dies ist die Einstellung, die die Macht hat, unsere Welt zu verändern. Diese Einstellung teilen Männer wie Mahatma Gandhi, Winston Churchill oder Bill Gates.

Diese Männer haben es geschafft, Kriege mit und ohne Waffengewalt zu beenden oder unvorstellbare Summen an Geld anzuhäufen, mit nichts mehr als einer Idee.

Da wirst du es doch noch hinbekommen, die Frau da drüben anzusprechen, oder?

Kapitel 1
Grundlegendes

Die moderne Gesellschaft

Unsere Gesellschaft ist verseucht. In deinem Kopf existiert eine Realität, die nicht das Leben erschaffen hat. Sie baut auf Konstrukten absurder Hollywood-Liebesschnulzen und Unmengen falscher Annahmen, beispielsweise der missverstandenen Gleichberechtigung von Frau und Mann, auf. Frauen und Männer sind nicht gleich, sie *können* nicht gleich sein – und sie wollen es auch nicht! Versteh mich nicht falsch. Ich spreche hier nicht davon, dass es gerecht wäre, für gleiche Leistung unterschiedliches Gehalt zu zahlen. Das ist nicht gerecht – so wie vieles im Leben. Aber vieles von dem, was auf den ersten Blick ungerecht erscheinen mag, hat durchaus Sinn und somit seine Daseinsberechtigung. Nehmen wir als bestes Beispiel den Grund, wieso du dieses Buch überhaupt liest: das Machtgefälle zwischen Mann und Frau.

Deine Eltern und Hollywood sagen:

Kauf der Frau Blumen.

Lade sie zum Essen ein.

Sei höflich und lasse sie entscheiden.

Bemühe dich um sie.

Versuche sie glücklich zu machen.

Zu den auffälligsten Merkmalen unserer Kultur gehört die Tatsache, dass es so viel Bullshit gibt.

Harry G. Frankfurt

Ich aber sage dir: Sei ein Mann!

Fordere ein, was dir zusteht.

Lade Frauen niemals ein.

Sei höflich, wenn sie es sich verdient hat.

Lass sie sich um *dich* bemühen.

Hilf ihr, *dich* glücklich zu machen.

Wenn du das hier liest, dann fragst du dich womöglich, ob ich ein besonders egoistischer Mensch bin. Die Antwort auf deine Frage lautet: Ja. So, wie du auch. So, wie jeder Mensch.
Das Interessante an der Sache ist Folgendes: Wenn du dich selbst glücklich machst, strahlst du Zufriedenheit aus. Du führst ein angenehmes, glückliches Leben und hast somit mehr Zeit, dich um die Probleme anderer Menschen zu kümmern. Das macht dich nicht nur sympathisch und verleiht dir eine extrem positive Ausstrahlung, sondern du hast erst jetzt tatsächlich die Chance, anderen Menschen etwas zu *geben.* Sieh es einmal so: Wer will schon Ratschläge von jemandem hören, der sein eigenes Leben nicht im Griff hat?

Deshalb müssen wir zum Ursprung unseres heutigen Dilemmas zurückkehren. Dort, wo früher „echte Männer" gefragt waren, verlangt die moderne Gesellschaft von uns „gute Zuhörer" zu sein, die ein emotionales Verständnis und Mitgefühl für Probleme aller Art ihrer Mitmenschen aufbringen können.
Um es unverblümt zu sagen: Man will dir weismachen, du wärest ein kleiner Teddybär, der sich gefäl-

ligst zuerst um alle anderen kümmern sollte, nur nicht um sich selbst.
Dieses Phänomen ist weithin als der „Kumpel-Typ-“ bekannt, der immer nur der beste Freund, aber nie der Liebhaber ist. Er ist das Gefolgstier, das sich immer sagen lässt, was es zu tun hat und es einfach hinnimmt. Menschen dieses Schlags schieben die Schuld gerne anderen Leuten in die Schuhe, bloß nicht sich selbst.

> „Mein Freund sieht einfach besser aus, deshalb geht sie mit ihm aus und nicht mit mir.“

> „Mein Kollege versteht sich einfach besser mit dem Chef, deshalb hat er den Posten bekommen und nicht ich.“

> „Meine Freundin kann nichts dafür, dass sie mich betrogen hat. Ich glaube ihr, wenn sie sagt, dass es *einfach so passiert* ist.“

Ja, du wärest überrascht, wie viele solcher Momente es tatsächlich gibt, in denen Frauen eine neue Bekanntschaft *einfach so passiert.* Was würdest du davon halten, wenn in Zukunft das, was ihnen widerfährt, *du* wärest? Viele Männer haben jedoch das Problem, dass sie Frauen oder Beziehungen zu Frauen einen sehr hohen Wert beimessen. Je höher der Wert an einer Beziehung oder Frau für sie ist, desto härter wird es auch, überhaupt keine Beziehung oder Frau zu haben. Zur Illustrierung dieses Umstandes möchte ich dir folgende Tabellen zeigen. In der oberen sehen wir einen Mann, der Frauen einen sehr hohen Wert beimisst.

Dein gesamtes Leben in einer Beziehung

BEZIEHUNG / FRAUEN

Das Dilemma wird erst erkennbar, sobald derselbe Mann plötzlich von seiner Frau verlassen wird und keine neue Partnerin findet.

Dein gesamtes Leben ohne Frauen

Kein Wunder, dass er sich jetzt plötzlich leer fühlt und immer verzweifelter wird. Je armseliger aber seine Versuche werden, desto kläglicher wird er auch scheitern. Ein Teufelskreis, der sich nur im Ursprung seines Entstehens lösen lässt! Im Leben und auch wenn es auf Frauen ankommt, ist es immer wichtig, Dinge locker anzugehen. Wer neuen Bekanntschaften zu schnell einen zu hohen Wert zuweist, wird früher oder später enttäuscht sein, dass seine unrealistisch hohen Erwartungen doch nicht erfüllt werden. Um dies zu kompensieren, sollte jeder Mensch, der teilweise mit sich selbst oder seinem Leben unzufrieden ist, als allererstes hinaus in die Welt gehen und **verdammt noch einmal zusehen, dass er glücklich mit sich selbst wird**!

Dies ist eine Erkenntnis, die leider viel zu wenige Menschen verinnerlicht haben. Stelle dir nur einmal vor, wie das Leben dann aussehen würde:

Weiterbildung	Hobby	Entspannung
Familie	Zeit für dich	Sport
Arbeit	Frauen	Freunde

Was würde in diesem Fall passieren, wenn eine Zeit lang keine Frauen in deinem Leben wären?

Weiterbildung	Hobby	Entspannung
Familie	Zeit für dich	Sport
Arbeit		Freunde

Du siehst also, dass erst ein erfülltes Leben auch einen zufriedenen Menschen ausmachen kann. Und glaube mir, wenn ich sage, dass es unumstößlich das Wichtigste ist, zuerst mit dir selbst zufrieden zu sein, bevor du beginnen kannst, andere Menschen glücklich zu machen. Vielc handeln vice versa und versuchen, sich selbst hintanzustellen, um dann dafür belohnt zu werden, dass sie allen anderen zuerst helfen wollen. Aber das wird nicht passieren. Sie werden vorher unglücklich werden, weil sie ihre eigenen Wünsche nicht erfüllen, sondern nur die ihrer Freunde! Auch wenn uns unsere Gesellschaft weiß machen will, es sei falsch, zuerst an sich selbst zu denken: **Du siehst jetzt, dass überhaupt erst durch eben diesen Egoismus ein Mensch glücklich werden kann**. Erst jetzt ist es ihm möglich, auch anderen Menschen erfolgreich zu helfen, glücklich zu werden.

Unsere Gesellschaft macht uns auch glauben, dass es nicht anerkannt sei, eine unbekannte Frau anzusprechen. Man redet uns ein, es könnte etwas *passieren*, wenn man eine Unbekannte auf der Straße anspricht. Nun, es wird etwas passieren, aber wahrscheinlich nicht das, was du dir erwartest. Das schlimmste was dir passieren wird ist, am nächsten Morgen eine wunderschöne Frau neben dir im Bett zu haben.

Um zu bekommen, was du willst, brauchst du zuallererst eine Vorstellung dessen, wo du hin möchtest. Du brauchst einen **Plan**, der dir sagt, was du wann zu tun hast, damit du bekommst, was dir zusteht. Viele Männer haben *Angst* davor, Frauen anzusprechen. Diese Angst hindert sie daran, ein erfülltes Leben zu führen. Denn so wie alle Menschen auch, wählen wir meist den Weg des geringsten Widerstandes. Es ist einfacher, die Frau nicht anzusprechen, als es doch zu tun. Womöglich nagen zusätzliche Selbstzweifel an dir, weil du bisher noch keine Erfolge dieser Art verzeichnen konntest. Empirisch gesehen besteht also keine Aussicht auf Gewinn. Ich frage dich: **Wenn du es noch nie getan hast, woher weißt du dann, dass es nicht funktioniert?**

Unsicherheit oder Angst spürst du nur dann, wenn du nicht weißt, was zu tun ist, um erfolgreich zu sein. Genau hier setzen wir an. Ich werde dir zeigen, was du wann tun musst, damit du jede Frau verführen kannst. **Wenn du weißt, was zu tun ist, existiert keine Angst!**

Lass uns einen kurzen Exkurs in die Logik des weiblichen Denkens unternehmen. **Frauen rationalisieren rückwärts**. Stell dir folgende Situation vor:

Ein Typ ist abends in einem Club unterwegs und spricht eine Frau, die ihm gerade über den Weg läuft, mit einem x-beliebigen Spruch an.
In Variante eins unseres kleinen Gedankenspieles ist sie hin- und weg gerissen, sie trinken gemeinsam einen Cocktail und verschwinden nach zehn bis fünfzehn Minuten in einen ruhigeren Bereich der Bar – dort, wo das Licht auch etwas schwächer ist und gemütliche Bänke in den Ecken stehen. Sie unterhalten sich angeregt und auf eine angenehme Art und Weise kann sie einfach *spüren*, dass der Mann, der ihr gerade gegenübersitzt, sie einfach nur versteht. Am nächsten Tag ruft sie ihre beste Freundin an und erzählt ihr über eine halbe Stunde lang, was für einen tollen Kerl sie gestern Nacht kennen-

gelernt hat. Danach streicht sie die Bettlaken glatt und räumt den zweiten Cafébecher in die Spüle.

Variante zwei geht für unseren Freund leider weniger malerisch aus. Er spricht sie mit demselben Spruch an, aber leider tippt er ihr von hinten an die Schulter und spricht viel zu leise. Sie hört nicht, was er sagt und als er sich dann zu ihr hinbeugt, um es ihr ins Ohr zu schreien, empfindet sie ein tiefes und sehr berechtigtes Unbehagen bei dem Gedanken, mit ihm mehr Zeit verbringen zu müssen.

Frauen rationalisieren rückwärts – es kommt nicht darauf an, was unser Freund in dem Beispiel oben, das sich tagtäglich hundertfach in Clubs in deiner Stadt abspielt, sagt. Es ist vielmehr die Art, *wie* er es tut. Das erzeugt bei der Frau allmählich positive Emotionen – eine Verbindung entsteht und Anziehung wird aufgebaut. Erst später wird sie versuchen, auf logischem Wege zu erklären, wie es dazu kommen konnte – in dem Moment, in dem es passiert, lässt sie sich jedoch gänzlich von ihren Emotionen leiten.

Damit will ich dir eines ganz klar vor Augen führen: Du kannst der intelligenteste, schönste, humorvollste und netteste Typ auf der ganzen weiten Welt sein – wenn du nicht weißt, wie du mit Frauen (und Menschen generell) umgehst, wird dein Wort ungehört bleiben und deine Taten bedeutungslos. Wenn du hingegen erfolgreich sein willst, dann hör gut zu, denn **ich zeige dir, wie es richtig gemacht wird.**

Die Angst vor dem Ansprechen

Wovor hast du Angst? Angst begegnet uns tagtäglich in hunderten Varianten. Der eine hat Angst zu scheitern, der andere hat Angst, Erfolg zu haben. Manche haben Angst, die Schule abzubrechen, andere haben Angst, die Schule zu Ende zu machen. Die negativste Form der Angst äußert sich aber immer in dem einen, gleichen Beginn eines Satzes: „Ich kann das nicht!"

> **Ich kann nicht damit umgehen, zurückgewiesen zu werden.**

Dies ist die Emotion, die viele Männer verspüren, wenn Sie auf eine unbekannte Frau zugehen wollen, um sie anzusprechen. Aber es ist eine Emotion, die wir *interpretieren.* Verlierer legen sie negativ aus, sie lassen sich von ihrer eigenen Angst einschüchtern und die Chancen ziehen nur so an ihnen vorbei. Je mehr Möglichkeiten sie verpassen, desto unglücklicher werden sie. Gewinner lassen sich von ihrer Angst anspornen. Die Emotion ist die gleiche, aber die Interpretation eine andere.

Gewinner empfinden ihre Angst als Adrenalin.

Es spornt sie an!

Um deine Angst zu kontrollieren und zu verhindern, dass deine Angst *dich* kontrolliert, musst du dich deiner Angst stellen. Ich wünschte, es gebe einen einfacheren Weg, dieses Dilemma zu lösen, doch ich werde dir zeigen, wieso es nur auf diese Art möglich ist. Du musst erkennen, dass alles auf der Annahme basiert, dass du keinen Erfolg haben könntest.

Du musst also nicht explizit an der Bekämpfung deiner Angst arbeiten, sondern setzt an der Wurzel allen Übels an. Alles, was du zu tun hast, ist **mehr Vertrauen in deinen Erfolg zu entwickeln, wenn du neue Dinge tun sollst**. Fühlst du dich des Öfteren in einer solchen oder ähnlichen Situation, dann sprich dir morgens und abends folgenden Satz so lange laut vor, bis das Gefühl verschwunden ist:

„Was immer auch passiert,

ich schaffe es!“

Die Rolle des Mannes

Lass mich dir die Rolle eines Mannes anhand dessen zeigen, was er *nicht* sein sollte. Dies sind **die 7 häufigsten Fehler**, die Männern tagtäglich im Umgang mit Menschen, speziell mit Frauen, machen:

I. Der nette Kerl sein

II. Versuchen, sie zu überzeugen, dich zu mögen

III. Bei ihr Zustimmung und Erlaubnis suchen

IV. Ihre Aufmerksamkeit kaufen

V. Ihr zu früh erzählen, was du für sie empfindest

VI. Daran glauben, dass ihr Interesse von Reichtum und gutem Aussehen abhängt

VII. Ihr all deine Macht überlassen

Der **Ursprung der meisten dieser Fehler sind zwei grundlegende Verhaltensweisen**, die sich die Männer in unserer heutigen, emanzipierten Gesellschaft angewöhnt haben (die jedoch, wie dir jetzt klar sein sollte, mehr als nur kontraproduktiv sind):

Eine unterwürfige Haltung und die fälschliche Annahme, Frauen mit Logik überzeugen zu können.

Es wird Zeit, etwas an diesen Dingen zu ändern. Es macht keinen Sinn, darauf zu hoffen, dass sich irgendwann alle anderen so ändern, wie es dir gerade passt. Willst du deine Umwelt ändern und die Art, wie andere Leute auf dich zugehen, dann musst du zuerst dich selbst ändern.

Vieles, was ich in diesem Buch vermittle, basiert unter anderem auf Techniken des NLP (Neurolinguistische Programmierung). NLP versucht, die **Merkmale, die erfolgreiche Menschen vereinen, zu finden, zu abstrahieren und so leicht für jeden erlernbar zu machen. Genau das habe ich mit dir vor**. Du wirst ein System erlernen, das dir jederzeit, überall und egal woher du kommst, ermöglichen wird, deine Traumfrau anzusprechen, sie in deinen Bann zu ziehen und letzten Endes zu verführen. **Verführung ist keine Zauberei. Es ist Kommunikation.** Du brauchst dazu nicht mehr als die Bereitschaft, neues auszuprobieren und das Beste aus dir machen zu wollen.

Du fragst dich nun, was genau du denn ändern sollst. Bevor du allerdings beginnst, etwas zu ändern, solltest du dir ganz genau überlegen, **wohin du eigentlich möchtest**. Da es das Um und Auf ist, ein großes Ziel vor Augen zu haben, um erfolgreich zu sein, werde ich dieses Thema im nächsten Abschnitt „So werde ich erfolgreich“ detailliert mit dir besprechen. Vorher zeige ich dir aber noch ein paar weitere Fehler, die vielen Männern tagtäglich passieren, die aber nonverbal eine einzige Botschaft vermitteln: „Ich bin schwach.“

Sei nicht du selbst,

sei dein bestes Selbst!

Neil Strauss

Was du unbedingt vermeiden solltest:

- Ihr zu viel Interesse schenken, obwohl du sie nicht kennst
- Dich zu ihr hineinlehnen
- Dich bei ihr entschuldigen
- Dich selbst zu ernst nehmen
- Ungerechtfertigtes Verhalten tolerieren
- Zu schnell reden
- Zu laut oder zu leise reden
- Über deine eigenen Witze lachen
- Mit den Händen fuchteln, während du sprichst
- Sich ihr zu früh zuwenden (Körperhaltung)
- Ihr nachgehen, wenn sie dich stehen lässt
- Ihre Fragen zu früh oder zu schnell beantworten
- Nicht kongruent zu sein (dazu kommen wir später)

Diese Liste soll dir eines deutlich machen: **Vieles von dem, was du vielleicht schon dein ganzes Leben lang unbewusst tust, beeinflusst deine Interaktion mit anderen Menschen auf eine für dich negative Weise**. Du hinderst dich im Grunde nur selbst daran, den Erfolg zu haben, den du dir so sehr wünschst.

Was aber wird deine Rolle sein? Lass mich dir vorab eine unumstößliche Wahrheit aufzeigen:

Frauen *wollen* geführt werden!

Es ist von heute an deine Mission und Pflicht, ihnen diesen Wunsch auch zu erfüllen. Ich werde dir später einige der wichtigsten Merkmale nennen, die einen erfolgreichen Mann ausmachen. Vorerst sollst du dir erst einmal selbst klar werden, was für ein Mann du sein möchtest.

Die Entscheidung liegt allein bei dir.

„Ganz gleich, ob Sie glauben,

Sie können etwas oder nicht, Sie haben

in jedem Fall Recht.“

Henry Ford

So werde ich erfolgreich

Um deine Träume zu realisieren, musst du sie als allererstes ausformulieren. Ich möchte, dass du dir für diese kleine Übung fünf bis zehn Minuten Zeit nimmst. Schließe deine Augen und stelle dir ganz genau und bildlich vor, wie du auf Frauen zugehen wirst. Du hast eine selbstbewusste, positive Ausstrahlung, gehst aufrecht und strahlst völlige Ruhe aus. Auf dich kommen Frauen zu, viele davon lächeln dich an. Du erwiderst ihr Lächeln. Plötzlich taucht eine Besondere auf, irgendetwas an ihrer Ausstrahlung fasziniert dich. Du gehst langsam auf sie zu und begrüßt sie freundlich, ihr kommt ins Gespräch und du merkst bereits nach wenigen Minuten, dass sie sich unglaublich zu dir hingezogen fühlt, als ob du ein Magnet wärest.

So oder ähnlich wird deine Vorstellung aussehen, und genau das sollst du jetzt für dich durchgehen. Du wirst ein ganz klares Bild vor deinem inneren Auge sehen, wer du sein und was du tun wirst. Nun weißt du, wofür du dieses Buch hier liest. Bereits jetzt weißt du, dass du nicht aufhören wirst, dieses Buch zu lesen, bis du verstanden und verinnerlicht hast worauf es wirklich ankommt.

Du hast jetzt ein **Ziel**. Ein Ziel ist jedoch wertlos, wenn du es nur in deinen Gedanken trägst. Es ist nicht *real*. Damit es real wird, musst du es niederschreiben! Und zwar gleich hier, jetzt und sofort – lehne dich zurück, atme tief ein und aus und dann konzentriere dich auf die Person, die du sein wirst:

Mein Ziel:

____

____

____

____

____

____

Aber noch sind wir nicht fertig. Ab jetzt wird es Zeit für dich, deine eigenen Fehler zu erkennen und ins Positive zu ändern. Wichtig für Fortschritte ist das protokollieren deiner Erfahrungen. Es gibt erstaunliches Feedback für dich selbst und es besteht ein großer Unterschied zwischen Gedachtem und Niedergeschriebenem. Etwas, das schwarz auf weiß vor einem steht, kann gelesen und auf besondere Art reflektiert werden. Oft ergeben sich so ganz neue Zusammenhänge und Sichtweisen für dich. Nutze das! Führe ein **Journal**, ein Tagebuch, und protokolliere deinen Fortschritt. Es soll dir zu Beginn als Nachschlagewerk und Übersicht deiner Erfolge dienen, später wirst du es gerne zur Hand nehmen, um dich an vergangene Affären zu erinnern. Ein weiterer wichtiger Grund hierfür ist jener, dass sich unser Gedächtnis Fehlschläge viel leichter merkt als Erfolge. Wir sollten also daran arbeiten, uns unserer Erfolge bewusst zu sein – das legt den Grundstein für echtes Selbstvertrauen.

Jedes Mal, wenn du einen Hinweis erhältst, etwas in dein Journal zu schreiben, wirst du folgendes Symbol vorfinden:

Das erste, was du in dein Journal schreiben wirst, ist Folgendes: Du liest noch einmal die Liste der 7 häufigsten Fehler und der Dinge durch, die man unbedingt vermeiden sollte. Und dann beantwortest du auf Seite 1 deines persönlichen Tagebuches folgende Fragen:

1) Welche der Fehler hast du bereits gemacht?

2) Worauf achtest du weniger, worauf mehr?

3) Was solltest du verbessern?

Du hast bereits eine Vorstellung dessen, was du sein wirst. Ziehe nun einen Schlussstrich unter dein bisheriges Ich und schreibe die Unterschiede zu dem auf, was dich bisher von deinem Erfolg abgehalten hat und dem, was dich in Zukunft erfolgreich machen wird:

4) Mein momentanes Auftreten und Erscheinungsbild:

5) Was will ich verkörpern - dieser Mensch werde ich sein:

Menschen *über*schätzen,

was sie in einem Monat tun können

und *unter*schätzen,

was sie in drei Monaten tun können.

Bodo Schäfer

Dies sollte der Anlass für dich sein, deine Entwicklung auch zeitlich festzulegen:

6) Das erreiche ich im nächsten Monat:

7) Das erreiche ich in sechs Monaten:

8) Das erreiche ich in einem Jahr:

Dein Journal zeigt dir auf den ersten Seiten alles auf, was dich motivieren wird weiterzumachen. Du siehst, wer du warst und wer du sein wirst. Ebenso hast du deine Fehler erkannt und dir einen zeitlichen Plan erstellt, der dir genau zeigt, wann du deine Erfolge haben wirst.

Jetzt bleibt dir nur noch eines: Du musst es *tun*! Vergiss deshalb nie diese Regel:

Eine Einheit Theorie, drei Einheiten Praxis!

Abschließend werde ich dir auf der nächsten Seite einige **Beispiele für deine Ziele** nennen. Wichtig ist hierbei die Formulierung! Die richtige Formulierung bedeutet, etwas so darzustellen, als sei es schon passiert. So haben sich deine Gedanken schon auf etwas eingestellt, das noch nicht passiert ist – zum Beispiel mit Frauen leicht ins Gespräch zu kommen. Ab jetzt wirst du automatisch anfangen, dies auf die reale Welt zu übertragen, bis die Wirklichkeit um dich genau so ist wie in deiner Vorstellung!

5) Dieser Mensch will ich sein:

- Ich bin humorvoll, sportlich und sexy
- Ich bin erfolgreich, selbstbewusst und charismatisch
- Ich bin ein guter Redner in der Öffentlichkeit
- Ich arbeite an mir und verbessere mich kontinuierlich
- Ich bin das beste Ich, das ich sein kann

6) Das erreiche ich im nächsten Monat:

- Ich habe eine Menge Spaß mit anderen Menschen
- Ich komme leicht mit Anderen ins Gespräch
- Ich verführe genau die Frauen, die ich möchte
- Ich bin zielstrebig und diszipliniert
- Ich tue das, was ich tun will

8) Das erreiche ich in einem Jahr:

- Ich kann jede Frau, jederzeit und überall ansprechen
- Ich gebe jeder Frau das Gefühl, besonders zu sein
- Ich ziehe Frauen magisch an
- Ich habe überall und mit allem, was ich tue, Erfolg
- Ich werde häufig um Rat gefragt

Immer wieder im Buch findest du **Wissenswertes**, was nicht explizit zur Materie gehört, aber doch interessant zu wissen ist. Du erkennst es an folgendem Symbol:

Die vier Stufen der Kompetenz

Beim Erlernen einer neuen Fähigkeit durchläufst du immer dieselben vier Phasen. Als Beispiel nehmen wir hier das Fahrrad fahren. Erinnere dich zurück, als du als kleines Kind zum ersten Mal ein Fahrrad auf der Straße gesehen hast. Du befandest dich auf der Stufe der **unbewussten Inkompetenz**, wo du nicht wusstest, dass du nicht Fahrrad fahren kannst. Als du aber selbst aufsteigen musstest und ohne Stützräder fahren wolltest, bist du ziemlich sicher nicht sehr weit gekommen, ohne umzukippen. Du wusstest nun, dass du es doch noch nicht kannst – du warst **bewusst inkompetent**. Als du aber das nächste Fahrrad an dir vorbeizischen sahst, wusstest du: Das will ich auch können! Und nun konnte dich keiner mehr zurückhalten, bis du eines Tages wirklich von ganz alleine die Balance halten konntest – dies war der Gipfel der **bewussten Kompetenz**. Gerade so konntest du das Gleichgewicht halten und treten gleichzeitig, obwohl du noch nervös warst. Wenn ich dir heute ein Rad zeige, wirst du mit großer Wahrscheinlichkeit aufsteigen, in die Pedale treten und losfahren, ohne groß nachzudenken. Wir würden uns nebenbei unterhalten können und du müsstest dich überhaupt nicht mehr bewusst darauf konzentrieren, die Pedale gleichmäßig zu treten und den Lenker gerade zu halten. Dies ist die Stufe der **unbewussten Kompetenz – dein Ziel.**

Motivation

Bevor es ans Eingemachte geht, lass mich noch ein paar Worte zur Motivation sagen. Motivation ist eine der wichtigsten Grundlagen, um sich neuen Herausforderungen zu stellen. Nur so kann Erfahrung aus der Praxis gewonnen werden, welche in unserem Unterbewusstsein schließlich zur Entfaltung kommt.

Wie steigere ich meine Selbstmotivation?
Selbstmotivation bedeutet nicht, immer und jeden Tag gleich topmotiviert zu sein. Es ist auch ganz natürlich, dass es Aufgaben und Tätigkeiten gibt, die uns mehr Spaß machen und uns besser liegen als andere. Selbstmotivation hat zum Ziel, dass wir mit mehr Interesse und Freude auch Dinge angehen, die wir für gewöhnlich lange vor uns herschieben.

Wer sich motivieren will, muss sich und die Gründe, warum etwas gern oder ungern getan wird, kennen. Nun gilt es, **Demotivatoren auszuschalten und Motivatoren gezielt einzusetzen**. Deshalb musst du herausfinden, was dich motiviert, und **genau die Erfolge anstreben, die dir Motivation schenken**.

- Ansehen oder Anerkennung gewinnen
- Die Freude an der Herausforderung
- Materielle oder soziale Erfolge
- Eine wunderschöne Frau verführen

Wie baue ich Demotivatoren ab?
Genau wie es Gründe gibt, weshalb wir bestimmte Aufgaben gerne tun, gibt es auch Gründe, weshalb wir sie gerne beiseite schieben. Wollen wir dies ändern, müssen wir die Gründe unserer Demotivation kennen, die ebenfalls unterschiedlichste Ursachen haben kann.

- Probleme im persönlichen Umfeld
- Negatives Arbeitsumfeld
- Unterforderung
- Überforderung
- Gesundheitliche Probleme
- Eine generell negative Einstellung

Sind Demotivatoren und Motivatoren erkannt, so gilt es, die **persönliche Entscheidung zu treffen, auch etwas verändern zu wollen!** Manche Menschen warten und hoffen, dass endlich etwas passiert. So verstreicht ihr ganzes Leben, ohne dass etwas geschieht. Willst du deine Umwelt ändern, ändere zuerst dich selbst. Hast du mit Frauen bisher nicht den Erfolg, den du gerne hättest, dann ändere dich, bis es funktioniert!

Funktioniert etwas nicht,

dann ändere es, bis es funktioniert!

Ich biete dir in diesem Buch eine Anleitung, die **1:1 in der Praxis umsetzbar** ist. Es liegt an dir, dir aus diesem **Baukastensystem** das auszusuchen, was du selbst anwenden möchtest. Vergiss aber nie: Du kannst erst wissen, was für dich funktioniert, nachdem du es öfters ausprobiert hast!

Bist du dir unsicher, ob du diese Dinge allein durchziehen kannst, dann schenke dieses Buch einem **Freund** und lerne mit ihm gemeinsam. So **motiviert ihr euch gegenseitig**. Aus vielem lässt sich auch sehr leicht ein Spiel machen: Derjenige, der mehr Frauen anspricht, gewinnt.

Du siehst schon: **Um Frauen zu verführen, bedarf es einer selbstbewussten, lockeren Einstellung**. Diese erhältst du erst durch Erfahrung – und genau um die Erfahrungen zu machen liest du ja auch dieses Buch.

Die Verhaltens-Lernkurve

Immer wenn du ein neues Verhalten implementierst, springst du von Plateau zu Plateau. Dieses Phänomen kennen besonders Leistungssportler sehr gut, die oft monatelang ohne Fortschritt trainieren. Es erfordert einen starken Willen, auch ohne kurzfristige Erfolge und nur mit der fragwürdigen Aussicht auf Erfolg an einem Verhalten festzuhalten. Wenn du aber weißt, dass der Erfolg kommen wird, fällt es dir schon viel leichter. Hast du dann auch noch einen Coach (oder in deinem Fall Freunde), der dich unterstützt (die mit dir fortgehen), dann ist der Sieg schon greifbar nahe. Es ist nur noch eine Frage der Zeit! Mache dir also immer bewusst, wenn du glaubst auf der Stelle zu treten, dass du dich gerade in einer Plateau-Phase befindest. Vergiss nicht, wie wichtig gerade diese Zyklen auch für deinen Organismus sind! Es hat sogar biologische Gründe, wieso du eine Zeit lang nicht so schnell vorankommst, wie du es dir vielleicht wünscht: Während dieser Plateaus entstehen im Gehirn neue Verknüpfungen, die nicht sofort nutzbar sind. Sie müssen erst mit einer Art Isolierschicht überzogen werden, dem Myelin. Erst wenn diese Hülle um die neuen Gehirnzellen geschlossen ist, stehen dir die neuen Denkwege zur Verfügung. Dieser Vorgang nennt sich Myelinisierung. Lerne also, das Plateau zu schätzen, indem du dir bewusst machst, dass gerade jetzt neue Verknüpfungen in deinem Gehirn für dich nutzbar gemacht werden und **gib nicht auf!**

Das Geheimnis der Erfolgsmenschen

Diese Erkenntnis ist im Grunde sehr simpel. Sie basiert nicht nur auf Gebrauchswissen, sondern wurde unter anderem durch verschiedene Studien auch empirisch bestätigt (unter anderem von Napoleon Hill, dem Autor von „Denke nach und werde reich“ der über Jahrzehnte seine Studien zum Thema Erfolg vorantrieb).

Erfolg = klares Ziel x Durchhaltevermögen

Schreibe dein Ziel in dein Journal und lasse es nicht mehr aus den Augen! Dann weißt du immer, wofür du arbeitest und bleibst hoch motiviert! Das Durchhaltevermögen spricht für sich selbst: Sieh jeden Fehlschlag als Fortschritt an, da du einen Weg mehr ausschließen kannst, wie du dein Ziel erreichst. Ich werde dir im Kapitel „Kalibrierung und Kongruenz“ dazu eine Anekdote von Thomas Edison erzählen. Denke an diese Worte, wenn du sie liest! Hast du den gewünschten Erfolg noch nicht erreicht, erhöhe die Geschwindigkeit, mit der du Fehler machst!

Damit will ich dir eines sagen: Auch wenn du noch so viel in diesem oder anderen Büchern blätterst: Du musst eine Aktion setzen, draußen in der Welt, und diese Techniken umsetzen! Erst wenn du weißt, was davon für dich funktioniert und was nicht, wirst du dauerhaft erfolgreich sein. Deshalb sieh immer das Positive und lerne aus deinen Fehlern:

Scheitere, scheitere erneut, scheitere besser!

Mache so viele Fehler

wie du kannst,

aber keinen zwei Mal.

mein Vater

Kapitel 2
Die perfekte Verführung

6system ist eine Abkürzung. Sie steht für: **Effizient Frauen verführen.** Du wirst nur Dinge lernen, die du sofort einsetzen kannst und die dir schon sehr bald zu praktischen Erfolgen verhelfen werden.

Es gibt ein übergeordnetes System,
um Frauen zu verführen.

Auch du hast dein eigenes System. Erinnere dich kurz zurück an all die Erlebnisse, die du bisher mit Frauen hattest. Du wirst, wenn du den Ablauf abstrahierst, Ähnlichkeiten feststellen. Das ist dein System, das für dich mehr oder weniger gut funktioniert. Das 6system hingegen funktioniert für jeden. Es ist wie ein Supermarkt, aus dem du dir alles herauspicken kannst, was du gerne möchtest, um **dein eigenes System zu vervollständigen. Du kannst es aber auch** als Fertiggericht ansehen und **einfach 1:1 übernehmen.** Es steht mit seinen sechs Phasen für den Prozess der perfekten Verführung. Du kannst jede Technik sofort benutzen, aber erst die Erfahrung wird dir zeigen, welche Dinge dir besonders gut liegen. Stimme diese dann später auf deinen Typ ab, probiere aber auf jeden Fall jede Technik mindestens zehnmal aus. Mit der Zeit wird dir womöglich langweilig werden, weil du immer dieselben Dinge tust, die schon ganz von allein zu funktionieren scheinen. Darum geht es in einem System. Willst du etwas ändern, das funktioniert, dann nur, weil du etwas noch Besseres gefunden hast, um das Vorhergehende zu ersetzen. Ich wäre übrigens sehr froh, wenn du mir dies kurz in einer E-Mail mitteilen könntest, denn auch ich befinde mich in einem ständigen Prozess des Lernens. Du erreichst mich jederzeit unter info@6system.info.

Um deine Umwelt zu ändern, die Leute, mit denen du zu tun hast und die Art, wie sie mit dir umgehen, musst du zuallererst dich selbst ändern. Dafür musst du die **Bereitschaft haben**, aus dir herauszugehen und dir **bisher fremde Menschen ohne zu zögern und mit Spaß an der Sache ansprechen zu können.**

Um in dir genau diese Bereitschaft zu wecken, möchte ich, dass du bei der nächsten Möglichkeit heute, spätestens aber morgen, **auf einer Einkaufsstraße folgende Übung** durchführst:

1) Grüße zwanzig unbekannte Menschen mit einem freundlichen „Hallo!"

2) Jetzt unter Zeitdruck: zwanzig Menschen in zehn Minuten.

3) Was ist dein Ergebnis? Schreibe es in deinem Journal auf und beschreibe, wie du dich dabei gefühlt hast.

Achte besonders darauf, **freundlich zu lächeln und aufrecht zu gehen!** Stelle dir einfach vor, du wärest mitten in deinem letzten **Sommerurlaub!**

Tipps zum Ansprechen auf der Straße

- Auf der Straße sind wir immer in einer Stresssituation, es sei denn, man schlendert mit einer weiteren Person durch die Gegend. Es ist also von Vorteil, die Frau, die du ansprichst, früh genug auszumachen, um direkt auf sie zusteuern zu können.

- **Sie sollte sehen, wer auf sie zukommt!** Sprich sie auf der Straße niemals von hinten an!

- Wartet sie bei einer Bushaltestelle, so ist sie womöglich in Gedanken vertieft. Nimm unbedingt Augenkontakt auf, während oder bevor du auf sie zugehst, denn so weiß sie, dass du kommst.

- **Lächle bereits im Ansatz entspannt, wenn du in ihre Richtung gehst** - sie wird dein Lächeln erwidern - das nimmt dir jeden Zweifel, ob sie angesprochen werden will!

- Wenn du von der Seite aus auf sie zugehst, achte auf einen **maximal ca. 30° Winkel**, denn sonst bemerkt sie nicht, dass du auf sie zukommst.

Straße bedeutet Stress!

Die Grundbegriffe des erfolgreichen Flirt

Das 6system steht für *effiziente* Verführung. **Reize deshalb jede Phase möglichst aus**, es sei denn du bekommst ein negatives Signal (dann versuche es erst später erneut). Keine Angst! Ein **„nein" bedeutet lediglich „noch nicht"**. Natürlich hörst du auf, wenn die Frau wirklich nicht will, du darfst aber nie vergessen, dass vieles ein Spiel ist – ich traue dir das Mindestmaß an Intelligenz zu, diesen Unterschied zu erkennen, sonst würdest du kaum im Stande sein, dieses Buch zu lesen.

Beim Flirten geht es um den Spaß an der Sache – und zwar für alle Beteiligten. **Mein Wunsch ist, dass jeder Mensch das Leben führt, das er sich erträumt** und in dem er sich auch wohl fühlen kann. Denke deshalb immer daran, dass es in erster Linie darum geht, ***gemeinsam*** **eine gute Zeit zu verbringen!** Wer andere Menschen ausnützen will, der legt sich nur selbst Steine in den Weg. Erfolgreiche Menschen wissen, dass es sehr wichtig ist, zuerst bereit sein das zu geben, was sie selbst wollen, bevor sie es auch empfangen können.

Du musst lernen, auf jede dieser Arten so zu wirken, wie du es von dir erwartest. Doch vergiss nicht: Mit der äußeren Erscheinung unterstreichst du nur, was dein Ich schon längst über dich sagt. Nicht anders herum!

Kommunikation läuft immer **auf zwei Ebenen** ab:

- Verbal
  - Stimmqualität
  - Sprechweise
- Nonverbal
  - Statisch
    - Körperbau
    - Gesichtsfarbe
    - Haarfarbe
  - Dynamisch
    - Mimik
    - Gestik
    - Körperbewegungen
  - Materiell
    - Kleidung
    - Accessoires
    - Besitztümer

Wenn wir uns unterhalten dann wird die Nachricht nur zu 7% vom Inhalt bestimmt. **70% des Inhaltes werden nonverbal kommuniziert!** Wir sollten unserer Körpersprache deshalb die Aufmerksamkeit schenken, die sie verdient!

Die **Grundbegriffe** des erfolgreichen Flirt bestehen aus **drei Kernelementen**. Sie lassen sich aufspalten in **deine innere Einstellung**, insbesondere die, dass du einen hohen Wert hast und sich andere um dich bemühen müssen. Zweitens kommt es auf **dein Auftreten** an. Du solltest Eigenschaften vermitteln, die erfolgreiche Männer ausstrahlen. Der letzte Punkt bezieht sich auf die Art, wie du auf andere Menschen wirkst. Es genügt nicht zu wissen, was du tun musst, sondern auch, wann es passend ist. Dies bezeichne ich als **Kalibrierung** und sie stellt sicher, dass du nur Dinge tust, die auch in der Situation passend sind.

Ein guter Tipp, was dein Styling und die richtige Körpersprache betrifft, ist auch, dir passende Filme zu besorgen. Bekannte Schauspieler wie Jude Law (Alfie, Hautnah), Tom Cruise (Top Gun, Mission Impossible) oder Will Smith (Hitch) zeigen dir vor, wie die Körpersprache bei echten Männern auszusehen hat. Denn die Vorstellung des typischen „Hollywood-Actionfilm-Helden" entspricht genau den Stereotypen, die wir ausstrahlen möchten. Wie genau du diese dann auch einer Frau vermittelst, wirst du später lernen. Du solltest aber auch auf die negativen Schemata achten, die in diesen Filmen vorkommen, über diese bist du bereits informiert.

Für den Anfang kümmern wir uns aber erst einmal um deine Einstellung dir selbst und dem Rest der Welt gegenüber!

Einstellung

Der erste und wichtigste Punkt ist die Einstellung, mit der du der Welt gegenübertrittst. Und diese sollte folgendermaßen lauten:

> **„Ich habe einen hohen sozialen Wert.**
>
> **Man muss um mich kämpfen!“**

Frauen müssen sich bei dir qualifizieren, auf dies werde ich später noch genauer eingehen. Was bedeutet das kurz umrissen? Stell dir vor, jemand spricht eine Frau an und sagt zu ihr: „Hallo! Du siehst toll aus, mir gefallen deine Augen!“

Das einzige, was hier passiert, ist, dass du all die Macht, die du hast, von vornherein herschenkst. Denn du überlässt ihr die Entscheidung, ob sie mit dir reden möchte! Immerhin deutest du sehr genau an, wieso du mit ihr sprechen möchtest. So wirst du eher selten erfolgreich ins Gespräch kommen, und falls schon, dann mit einem schlechten Einstieg. Erinnere dich zurück als ich dir gesagt habe, dass Menschen immer den Weg des geringeren Widerstandes gehen. In diesem Fall ist es für sie viel leichter, nicht mit dir ins Gespräch zu kommen, denn offenbar hast du nichts zu bieten. Um diese Annahme umzudrehen, musst du sie dazu bringen, um dich zu kämpfen. Ich gehe noch weiter, wenn ich dir sage, dass sie letzten Endes *dich* verführt. Und das alles geschieht nur, weil du die richtigen Parameter für eure Unterhaltung und zukünftige Beziehung vorweg absteckst und ihr unterschwellig klarmachst, dass **du derjenige bist, der *sie* aussucht**. Und nicht umgekehrt, wie sie es vielleicht sonst gewohnt ist. Das tust du am besten indem du folgenden Nachsatz **beim Ansprechen** anfügst: „Hallo! Du gefällst mir, **erzähl mir etwas Spannendes von dir!**"

Nun ist sie in Zugzwang. Du erwartest von ihr mehr, als die anderen Kerle. Was soll sie dir sagen, wie lautet die richtige Antwort, um dir zu gefallen? Wenn ihr nichts einfällt, besteht die Gefahr, dass du wieder gehst! Sie beginnt leicht zu schwitzen und ihre Gedanken überschlagen sich. Nicht nur, dass sie dich nicht kennt, du stellst auch gleich noch Forderungen. Womöglich weiß sie bis gerade eben gar nicht, was sie als Mensch überhaupt besonders macht! Weißt du es von dir?

Das Schöne an dieser Frage aber ist, dass dir der Ausgang des Gespräches von Beginn an klar ist. Entweder sie versteht dich akustisch nicht, dann stellst du die Frage erneut. Ebenso, wenn ihr nicht sofort etwas einfällt. „Ach komm, du hast so eine positive Ausstrahlung, ich kann mir nicht vorstellen, dass du keine spannende Geschichte auf Lager hast. Nenn mir doch einfach für den Anfang drei deiner positivsten Eigenschaften!"

Der letztmögliche Ausgang ist der, dass sie dir sofort etwas zu erzählen weiß. So oder so, **sie kann langsam erahnen, welche Einstellung dich prägt und somit, welcher Mensch du bist.**

Du bist jemand, der sich seine Gesellschaft aussuchen kann – und genau das tust du gerade. Es ist es meistens wert, mit so jemandem Zeit zu verbringen, denn in seiner Welt fühlst du dich wohl. Das ist Abenteuer, das macht Spaß. Und genau darum geht es auch.

Deshalb wird sie versuchen, dir zu gefallen – sie qualifiziert sich!

Sie erobert dich -

Du bist ihr Gewinn!

Du wirst ihr in Zukunft immer zeigen, dass du einen hohen sozialen Wert hast. Im Gespräch verdeutlichst du dann, was dir an anderen Menschen wichtig ist und sie wird versuchen, dem gerecht zu werden. Dies geht so weit, dass du auch nonverbal Frauen dazu bringen wirst, sich bei dir zu qualifizieren. Dadurch entsteht eine Emotion, in ihr, die sie als deine Anziehungskraft interpretieren wird.

Status-Merkmale

Der nächste wichtige Punkt ist das richtige Auftreten. Das bedeutet für dich zu lernen, wie man Menschen, insbesondere Frauen, richtig führt. Um als echter Mann wahrgenommen zu werden, musst du bestimmte Dinge ausstrahlen. Selbstbewusstsein zeigt sich durch eine ruhige, entspannte Körperhaltung. Ebenso durch langsame Bewegungen und durchdachte, nicht überzogene Gestik. Der aufrechte Gang und ein energischer Schritt unterstreichen den nonverbalen Eindruck des Führers. Wieso? **Äußere Ruhe zeugt von innerer Ruhe.** Und wahre Männer behalten nun einmal einen kühlen Kopf, wenn andere in Panik ausbrechen. Dies hat auch den Hintergrund, dass sich Frauen bei dir sicher fühlen werden.

- Ruhige Körperhaltung, langsame Bewegungen
- Langsame, tiefe Stimme
- Entspanntes, selbstbewusstes Auftreten
- Du führst Frauen wie Männer an
- Du bist offen für Neues
- Dein Erfolgswille bleibt ungebrochen
- Du hast viele Freunde und Bekannte
- Dominanz in Beruf und Beziehung
- Frauen erobern **dich**

Viele dieser Punkte haben ihren Ursprung jedoch in deiner geistigen Einstellung, was bedeutet, dass du deinem Ich selbst beibringen musst, dass du ein erfolgreicher Mensch bist, den genau diese Dinge, die oben genannt sind, auch prägen. Es nützt dir nichts, dir selbst und anderen etwas vorzuspielen. So etwas wird schnell durchschaut und steht dir bloß im Weg. Dies ist mitunter für viele der schwierigste Schritt, da sie an sich selbst arbeiten müssen. Nun, ich habe nicht gesagt, es würde leicht werden. Denke aber immer daran, dass wenn du deine Ziele vor Augen behältst und dich von deinem Weg nicht abbringen lässt, du es *garantiert* schaffen wirst, deinen Traum zu leben!

Manchen fällt es leichter, diese Merkmale zu verinnerlichen, indem sie sich vorstellen, sie wären Schauspieler, die eine Rolle spielen. Du bist jetzt Schauspieler X, der ein neues Angebot für seinen nächsten Film bekommen hat. Du liest gerade eben das Drehbuch und erkennst, dass der Charakter, den du spielen sollst, viele Dinge anders löst, als du es selbst tun würdest. Dadurch ist aber auch sein Auftreten ganz anders als du es von dir selbst gewohnt bist. Das erste, was du tust, ist, dir Vorbilder zu suchen, die dieser Rolle entsprechen. Du beobachtest sie und selektierst ihre Verhaltensschemata. Nun beginnst du, dich selbst im Spiegel so zu verhalten, um möglich authentisch zu wirken. Aber solange du nicht hundertprozentig davon überzeugt bist, diese Rolle, diese Person, *wirklich zu sein*, wenn du sie spielst, wirst du nicht authentisch wirken!

Da du dir genau dessen bewusst bist, arbeitest du unermüdlich an dir und hörst nicht auf, bis du selbst deine besten Freunde überzeugt hast, sodass sie dich erstaunt fragen werden: „Du hast dich in letzter Zeit sehr verändert! Wie hast du das geschafft?"

Wir alle spielen bereits viele verschiedene Rollen in unserem Alltagsleben. Du bist jemand anderer gewesen, als du noch zur Schule gegangen bist. Du hast eine andere Rolle im Beruf als zu Hause oder gegenüber deiner Mutter. Aber auch sie ist nur dir gegenüber Mutter, deinem Vater ist sie eine Frau. Und für ihre Kollegen ist auch sie wieder eine ganz andere Person…

Ein Freund fragte mich eines Abends, als wir gemeinsam im Club unterwegs waren: „Ben, du bist immer so anders, wenn wir fortgehen. Wieso verstellst du dich?"

Ich antwortete darauf: „**Ich verstelle mich nicht. Es ist** nur ein weiterer **Teil meiner Persönlichkeit**, der dann wichtig wird, **wenn ich Frauen kennenlerne.**"

Du siehst also, dass auch du bereits viele verschiedene Rollen spielst. Es wird dir also nicht schwer fallen, sie entweder um einige **positive Aspekte zu ergänzen** oder eine ganz neue Rolle, ein ganz neues *Ich* zu erschaffen. Ein Selbstbild, das nicht von deiner Umwelt oder Erziehung bestimmt wurde, sondern das du selbst, und nur du allein, geschmiedet hast, um dir deine größten Wünsche zu erfüllen und ***dich selbst glücklich zu machen*!**

Kalibrierung und Kongruenz

Die letzten und womöglich wichtigsten Grundbegriff sind **Kalibrierung** und **Kongruenz** in deinem Handeln. Das steht dafür, dass du immer das tust, was gerade passend ist und nichts Unpassendes. Für dich bedeutet das Folgendes: halte dich an das System der sechs Phasen und reize jede Phase aus, um zu sehen, ob du in die nächste übergehen kannst. Ist es der Frau noch nicht recht, wirst du dies zuerst nonverbal über ihre Körpersprache oder später verbal, zum Beispiel indem sie dir einfach sagt „Das geht mir etwas zu schnell", bemerken. Hab keine Angst davor, wenn es nicht von Beginn an klappt. **Erst mit der Übung wirst du sehen, dass sie dir schon körpersprachliche Signale schickt**, die andeuten, dass es ihr etwas zu schnell geht. Je besser du wirst, desto eher wirst du somit unangenehme Situationen umschiffen können. Dennoch lass mich dich daran erinnern, dass wir alle Menschen sind. Und als solche ist es unser Schicksal, dass wir nur aus unseren Fehlern lernen! Sei genau aus diesem Grund froh, wenn du einen Fehler begehst, denn von da an weißt du, dass du wieder etwas Wichtiges gelernt hast. **Ohne Fehler kein Fortschritt!**

> Thomas Edison benötigte über 1.000 Versuche, bis er endlich eine funktionierende Glühbirne hergestellt hatte. Als er gefragt wurde, wieso er nicht bereits viel früher aufgegeben hatte, antwortete er: „Wieso hätte ich aufgeben sollen? Ich kenne jetzt 1.000 We-

ge, wie man eine Glühbirne nicht bauen kann!“

Als kleinen Tipp vorweg: Die **Telefonnummer** solltest du dir immer nur dann holen, wenn es deine **letzte Möglichkeit** ist, sie wiederzusehen. Dein eigentliches Ziel sollte die Verführung sein, aber eine Telefonnummer nach fünf oder zehn Minuten Smalltalk ist einfach nichts wert. Die Verbindung zwischen euch ist einfach noch nicht stark genug, um bei ihr das Verlangen zu erzeugen, dich wiedersehen zu wollen. Genau so kannst du es auch beim Küssen sehen. Wenn du im Club unterwegs bist und an einem Abend mehrere Frauen schon nach wenigen Minuten küsst, dann senkt das deinen sozialen Wert! Die Frauen spüren, dass du das mit jeder tust (was dann auch der Wahrheit entspricht) und du legst dir nur selbst Steine in den Weg. Ein Kuss ist erst dann von Bedeutung, wenn er in einer emotionalen Stimmung passiert – eine Stimmung, die in diesem Buch lernen wirst, zu erzeugen.

Wenn es aber nicht anders geht, weil entweder sie oder du aus irgendeinem Grund sehr früh im Gespräch weg muss, dann nutze die Technik, um garantiert ihre richtige Nummer zu bekommen, so wie sie später im Buch beschrieben ist. Damit hast du wenigstens noch eine kleine Chance, sie wieder zu sehen, was immer noch besser ist als nichts.

Phase 1: Vorbereitung

Bevor du beginnst, das 6system anzuwenden, solltest du dir einen ersten Überblick über den **Aufbau des 6system** verschaffen:

- Vorbereitung
- Ansprechen (5-10 Sekunden)
- Gespräch halten (10-15 Minuten)
- Verbindung schaffen (10-20 Minuten)
- Verbindung verstärken (20-40 Minuten)
- Verführen

Dies ermöglicht, die passende Logistik vorausgesetzt, eine **Verführung in** weniger als **einer Stunde.**

Selbstverständlich sind auch die besten Verführer nicht perfekt. Jeder Mensch hat sein eigenes System, das für ihn funktioniert. Es liegt also an dir, herauszufinden, was von dem 6system speziell für dich sehr gute Ergebnisse liefert.

Hältst du dich jedoch genau an die Anweisungen, die ich dir gebe, kann es nur funktionieren! Es ist dann nur noch eine Frage deiner Motivation und der Zeit, die du in deine persönliche Fortbildung bereit bist zu investieren. Ich lege es dir sehr ans Herz, denn **es wird dir nicht nur in Bezug auf Frauen weiterhelfen!** Du lernst hier ***soziale Kompetenz***, und selbst unser veraltetes Schulsystem hat bereits erkannt, wie wichtig diese ist und begonnen, sie bereits in den unteren Schulstufen zu lehren! Dies sollte dir zusätzlichen Ansporn verleihen, **nicht locker zu lassen, bis du die Ziele, die du dir gesetzt hast, auch wirklich erreicht hast.**

Viel Erfolg!

Flirt-Signale erkennen

Das Wichtigste an nonverbalen Flirt-Signalen ist klarerweise, sie auch zu **erkennen**. Genauso wichtig ist es auch, sie **richtig zu deuten**. Noch bevor du sie überhaupt ansprichst wird sie dir mitteilen, ob sie Interesse hat oder nicht. Da du immer von vorne auf Frauen zugehst, die du gleich ansprechen wirst, gibst du ihr nicht nur die Möglichkeit, dich kurz zu betrachten, sondern erhältst ebenso die Chance, ihre Reaktion zu deuten. Besonders solltest du hierbei auf den beständigen Augenkontakt achten.

Frauen tun dies auf sehr dezente Art und Weise, doch sobald du ein **ehrliches Lächeln** aufsetzt wird sie keine Angst davor empfinden können, von dir angesprochen zu werden. Und bereits dieses gewonnene Lächeln ist das erste Flirt-Signal. Es ist die Einladung, die sie dir schenkt, sie endlich anzusprechen. Die größte Hürde hat sie dir damit bereits genommen! Noch bevor du den ersten Satz sprichst, hast du mit ihr **Unmengen an nonverbalen Informationen** ausgetauscht. Es ist also sehr wichtig, dein Auftreten und deine Körpersprache gemäß meiner Vorgaben in diesem Buch zu verbessern. Ein weiteres Signal ist das berühmte „Durch-die-Haare-streichen“, das genauso zu interpretieren ist, wenn sie generell an sich oder ihrer Kleidung zupft oder Falten im Kleid gerade streicht.

Sie versucht nichts anderes, als für dich gut auszusehen! Solche Erkenntnisse können unglaublich viel Druck von dir nehmen, nun, da du weißt, dass sie bereits Interesse zeigt. Dieses „Gefallen-wollen“ ist übrigens auch eine **nonverbale Art, sich bei dir zu qualifizieren!** Die deutlichsten Signale erkennst du aber daran, dass sie von sich aus Körperkontakt mit dir herstellt. Dies ist ein eindeutiges Zeichen von Zuneigung und Sympathie und sollte dich nur noch mehr anspornen, eine angeregte Unerhaltung zu führen.

- Augenkontakt
- Durch die Haare streichen
- Wenn sie an sich „herumzupft“, nervös ihre Kleidung glatt streicht
- Über die Lippen lecken
- Sie lehnt sich zu dir
- Offene Körperhaltung
- Sie stellt den Körperkontakt her

Zielgruppe

Jeder von uns hat seine eigene Zielgruppe. Wichtiger als unsere Zielgruppe ist jedoch die Zielgruppe unserer Zielgruppe. Was ich dir damit versuche zu sagen, ist Folgendes: Dir gefällt ein bestimmter Typ Frau, aber weißt du auch genau, welche Eigenschaften sie ausmachen?

Dies ist ein guter Zeitpunkt, deinem Journal einen weiteren Eintrag hinzuzufügen.
Überlege dir dazu folgende Punkte:

- **Wen will ich?**

  Aussehen

  Alter

  Styling

  Bildung

  Freundeskreis

  Beruf

  Familie

- **Wo finde ich sie?**

  Im Club (Rock, House, R’n’B usw.)

  Untertags (beim Einkaufen, auf der Straße, über Freunde, über die Arbeit,…)

- **Was soll sie mir bieten?**

  Humor

  gepflegtes Auftreten

  ähnliche soziale Werte

  gemeinsame Interessen

Beispiel für deinen Journaleintrag:

„Ich suche eine 1,70-1,90m große Blondine oder Brünette mit einer charismatischen Ausstrahlung, die es schafft, mich zu begeistern. Sie soll frech, sexy und schlagfertig sein und meine größten Interessen, persönliche Entfaltung, Fitness und die Reiselust teilen."

Nachdem du jetzt weißt, wer deine Zielgruppe ist, musst du dich fragen: **Was erwartet sich meine Traumfrau von mir?** Du musst in Folge des Systems zu dem werden, was deine Zielgruppe von dir erwartet (du erinnerst dich doch noch an Kongruenz? Sie gilt auch hier). Halte dich im Zweifelsfall aber immer zuerst an die Tipps in diesem Buch. Denn **oft wünschen sich Frauen „offiziell" Dinge, die sie gar nicht wirklich wollen** – womöglich wissen sie selbst gar nicht, dass diese ihnen eher Unglück bescheren. Denke nur an die sieben typischen Fehler und die Aussage einer Frau, sie wünsche sich einen Mann, der alles für sie tut. Wenn du alles für eine Frau tust sinkt dein sozialer Wert und du wirst für die Frau absolut uninteressant. Du tust zwar, was sie von dir erwartet, im selben Moment zerstörst du genau eben dadurch die Beziehung. Hinterfrage also immer, ob die Aussagen tatsächlich ihren emotionalen Wünschen entspringen oder bloß der gesellschaftlichen Programmierung.

Styling, Fashion und Image

Auch dein Styling hängt von deiner Zielgruppe ab. Denke nur an den Club. Eine Frau, die gerne House hört, wird nicht viel mit langen schwarzen Haaren, Lederhosen und einem Metallica T-Shirt anfangen können. Natürlich ist dies ein Vorurteil und basiert auf Stereotypen, aber es trägt zur Vorselektierung bei und disqualifiziert dich womöglich noch bevor du überhaupt die Möglichkeit hast, ihr zu zeigen, wieso du dennoch der Richtige für sie bist. Genauso sollte es dich wenig überraschen, dass du in einem Club, in dem hauptsächlich Alternative gespielt wird, wenige bis gar keine High-Society Frauen vorzufinden sind.

Als Faustregel gilt jedoch immer, dass du nichts tun oder anziehen sollst, in dem du dich nicht wohl fühlst.

Die innere Ausstrahlung ist viel wichtiger

und um einiges aussagekräftiger

als der Kleidungsstil eines Menschen.

- Achte immer darauf, guten Atem zu haben.
- Lass dich von gut aussehenden Frauen beraten!

- Deine Garderobe sollte in sich stimmig sein. Du willst heute nicht als Cowboy auftreten und morgen als DJ.
- Arbeite auch an deinem Körper. Kümmere dich gut um ihn, immerhin hast du nur diesen einen.
- Suche dir einen trendigen Friseur und orientiere dich am Stil der Angestellten. In etwa so wirst auch du aussehen. Pass genau auf, wie sie dich schneiden, dann kannst du es später billiger machen lassen.
- Deine Augenbrauen sollten auf keinen Fall zusammenwachsen! „Einzelbrauen" sind absolute No-Gos.
- Genauso wenig sollten dir lange Härchen aus Nase oder Ohren stehen
- Kaufe nur Produkte, die für deinen Typ passen. Sensitive Pflege für empfindliche Haut und so weiter.
- Dein Gürtel sollte farblich zu den Schuhen passen.
- Behalte Trends im Auge, wähle jedoch konservativ. Sonst wirst du eher ein Fashion-Victim werden.
- Prahle nicht damit, wie viel Zeit du in Körperpflege oder Styling investiert. Immerhin bist du ein Mann.

Körpersprache

Besonders hervorzuheben ist eine ruhige und offene Körperhaltung.
Sie zeugt von Selbstsicherheit und vermittelt Wohlbefinden. Stehst du komplett schüchtern und mit vorgebeugtem Oberkörper da, wirkst du äußerst unseriös und unsicher. Genauso ein großes Missgeschick ist das Hin- und Herwippen auf beiden Beinen.

Mit der Körpersprache lässt sich aber viel mehr vermitteln, als nur wer du bist. **Du kannst damit auch zeigen, was du willst – ganz ohne dich verbal ausdrücken zu müssen**. Die unausgesprochene Macht, die du dadurch erhältst, ist um ein Vielfaches größer, als wenn du anderen Menschen bloße Befehle erteilst. So kannst du ihr zum Beispiel über den Winkel, wie weit du dich zur ihr drehst, anzeigen, wie viel Interesse du für sie übrig hast. Sprichst du über die Schulter, heißt das: ich bin wenig interessiert, was du zu sagen hast. **Sie wird sich eher qualifizieren müssen, um dich nicht zu verlieren**, und das spürt sie auch. Hingegen wenn du dich ihr voll zuwendest, weiß sie, dass du deine gesamte Aufmerksamkeit auf sie richtest. Über diesen Winkel kannst du ihr also unterbewusst zeigen, ob du mit dem, was sie sagt, einverstanden bist oder nicht. Natürlich kannst du ab jetzt auch bei ihr sehen, ob du ein Thema ansprichst, das sie interessiert oder nicht und dementsprechend auch ein anderes Gesprächsthema vorschlagen! Sie wird positiv überrascht sein, dass du ihre keimende Langeweile bemerkt hast und dir wieder mehr Aufmerksamkeit schenken.

Gut benützen kann man diesen Winkel auch direkt beim Ansprechen. Du **sprichst sie zum Beispiel beim Vorbeigehen „über die Schulter“ hinweg an und wirst langsamer, sobald sie antwortet bleibst du stehen und drehst dich ein Stück weiter zu ihr**. Steigt sie auf das Thema ein, wendest du dich ihr ganz zu. Dies lässt sich beliebig fortsetzen und ist auch immer wieder mitten im Gespräch sehr von Nutzen.
Achte des Weiteren auch auf **die Richtung, in die ihre Füße zeigen**. Bei den meisten Menschen zeigen die Spitzen nämlich immer in die Richtung, in die sie gerade ihre Aufmerksamkeit richten. Deuten sie geradewegs auf dich, kannst du davon ausgehen, dass sie dir voll und ganz zuhört.

Zum Körperkontakt kommen wir später noch eingehender, du solltest aber bereits von Anfang an genau diesen initiieren. Bereits beim ersten Satz berührst du sie (von vorne) an der Schulter und lässt los, nachdem du den Satz beendet hast. Mehr dazu später unter „Vakuum erzeugen“. Achte darauf, dass sie sich wohlfühlt und die körperliche Annäherung kalibriert verläuft. Kurzum: Begrabsch sie nicht! Zumindest nicht in der ersten halben Stunde…

Stattdessen kannst du sie aber auch auf eine weitere Art dazu bringen, sich zu qualifizieren. **Nimm gleich zu Beginn ihre Hand und heb sie über ihren Kopf. Nun drehst du sie wie beim Tanz um ihre eigene Achse und begutachtest sie bewusst**

offensichtlich. Blickt sie dir wieder in die Augen, kannst du sie bewerten: „Nun ja, nicht ganz so schlimm, wie ich dachte...“. Mit einem Spruch wie diesem „neckst“ du sie (siehe das Kapitel dazu) auf eine spielerische Art und Weise. Ihr sollte immer klar sein, dass du dies nicht hundertprozentig ernst meinst. Sie soll aber ruhig in der Ungewissheit bleiben, wie viel Wahrheit hinter deinem Kommentar stecken mag. Die Möglichkeiten des nonverbalen Qualifizierens sind unbegrenzt und du wirst sehr viel Spaß daran haben, diese zu erproben und selbst neue zu finden.

Schlagworte zu einer guten Körpersprache

- Offen
- Ruhig
- Gerade
- Bewusst
- Aufrecht
- Bestimmt
- Kein nervöses Zupfen
- Kein nervöses Wippen
- Langsame Bewegungen

Achte auf eine positive Ausstrahlung!

Der beste Tipp, den ich dir geben kann, da ich ihn selbst befolgt habe, lautet: **Mache lieber wenige Dinge richtig als viele Dinge falsch!** Konkret meine ich damit, dass du, wenn du sehr dazu neigst, nervös auf der Stelle zu zappeln und mit Armen und Beinen wild durch die Luft zu wirbeln, bei null beginnst. Du stellst dich aufrecht vor sie hin und steckst deine Hände in deine hinteren Hosentaschen. Damit ist dein Oberkörper völlig frei, du hast etwas zum Festhalten (nicht deinen Hintern, sondern die Taschen!) und bleibst in einem geraden Stand vor ihr stehen. Somit kannst du sicherstellen, dass du nicht herumzappelst oder sonstigen, unkalibrierten Mist baust.

Folgende Übungen kannst du durchführen, um deine Körpersprache zu verbessern (nutze dein Journal, um Erfahrungen und Fortschritt zu protokollieren):

I. Strahle Lebensfreude aus, indem du immer ein leichtes, zufriedenes Lächeln auf dem Gesicht trägst

II. Versuche mehr Platz einzunehmen

III. Benutze deine Hände sinnvoll zur Untermalung

Beachte bei den Punkten II. und III. nicht zu übertreiben, da dies sehr schnell künstlich oder nervös wirken kann.

Gestik

Ebenso wie deine Körpersprache trägt auch die Gestik viel zu deiner Ausstrahlung bei. Orientiere dich hier bei ausgezeichneten Schauspielern, wie sie gekonnt Hände und Arme einsetzen. Ähnlich wie bei deiner Körpersprache sollte auch die Gestik folgende essentielle Faktoren beinhalten:

- ruhig
- bestimmt
- selbstbewusst
- kein nervöses Herumfuchteln

Besonders **effektive Gestik schafft** zudem **nonverbal eine Verbindung** zwischen dir und deinem Gegenüber. Sie unterstreicht nicht nur den Inhalt deiner Botschaft, sondern vermittelt einen direkten Bezug. Wenn ihr beispielsweise über einen sozialen Wert sprecht, der ihr wichtig ist, dann kannst du auf dich selbst zeigen (nebensächlich), während ihr Fokus aber auf deinem Gesicht liegt.

So sagst du zum Beispiel:

> „Ich weiß genau, was du meinst! Es ist einfach unglaublich wichtig geworden, besonders heutzutage, ehrlich zu anderen Menschen zu sein!“

Und während du „ehrlich“ sagst, **deutest** du fast unmerklich **mit dem Zeigefinger auf** den Bereich zwischen Bauch und Brustkorb (**Solarplexus**). Du kannst zusätzlich noch nicken, um bei ihr ein „Ja“ Signal hervorzurufen, durch das sie dir unbewusst zustimmen wird.

Das setzt du ein, wenn du positive Werte beschreibst, oder wenn sie von ihren Erwartungen an Männer erzählt. Achte dabei darauf, nicht zu auffällige Handbewegungen zu machen – oft genügt ein leichtes, zwei bis dreimaliges Hin- und Herbewegen des Zeige- und Mittelfingers, damit dieses Signal unbewusst von ihr wahrgenommen wird.

Der foveale Bereich

Bei Frauen ist die foveale Zone etwas größer als bei Männern. Dies ist evolutionär auf die ursprüngliche Aufgabenteilung zwischen Mann und Frau zurückzuführen. Männer benötigten den „Tunnelblick“ für die Jagd, um sich auf ihr Beutetier zu konzentrieren, während Frauen den Eingang zur Höhle immer im Blick haben mussten, um nahende Gefahr frühzeitig zu erkennen. Männern wird oft vorgehalten, sie würden sich nach anderen Frauen umschauen. Doch Frauen sehen sich ebenso nach Männern um, nur fällt es nicht auf, da ihre Blickspanne größer ist und sie den Kopf nicht drehen müssen. Diese größere Blickspanne hat also eine einfache wissenschaftliche Erklärung.

Stimme

Stimme ist Macht. Jeder, der etwas von sich gibt und zu dem Zeitpunkt als Redner wirkt, der wirkt ebenso auf andere Menschen mit seiner Stimme. Aber nicht ausschließlich, denn auch Atmung, Herzschlag und Zeitempfinden werden beeinflusst. Diesem Phänomen begegnen wir im Alltag andauernd. Angenommen, du bist gerade ungeduldig, da du nicht mehr viel Zeit hast. Dementsprechend ist deine Redegeschwindigkeit erhöht. Doch dein Gegenüber ist mehr als die Ruhe in Person und für dich wirkt es, als müsstest du ihm alles aus der Nase ziehen. Eine schreckliche Situation! Aber genau so umgekehrt wirkt ein Vortragender (zum Beispiel an einer Universität oder im beruflichen Alltag), der in einer monotonen Stimmlage und noch dazu in einer langsamen Geschwindigkeit vorträgt, alles andere als mitreißend. Meist fällt es hier, trotz eines interessanten Themas des Vortragenden, den Zuhörern mehr als schwer, aufmerksam zu bleiben.

Nach einem Stimmtraining wird die Stimme nicht nur kräftiger und präsenter, sondern auch deutlicher und klarer als je zuvor. Doch eines muss gesagt werden: Zum Training der Stimmbänder zählen ebenso die richtige Körperhaltung und gutes Auftreten vor anderen. Denn wenn jemand nonverbal hektisch wirkt, dann hilft auch eine ruhige Stimme nicht, um den Eindruck der Zuhörer umzustimmen. Deshalb zählt auch hier: Es kommt nicht darauf an, was du sagst – sondern *wie*! Und dazu gehört nun einmal die Stimme.

Du solltest **auch auf Umgebungsgeräusche Acht geben**, zum Beispiel Musik, andere Leute, Straßenlärm, usw., aber vorrangig solltest du auf deine eigene Stimme achten. Denn gerade in einer Disco oder einem Club wird beim 'Ins Ohr sprechen' schnell alles andere unwichtig und die Konzentration liegt nur mehr auf der Stimme des Gegenübers.

Du erinnerst dich bestimmt an die Situation, als du das erste Mal deine eigene Stimme auf einer Aufnahme gehört hast und dir dachtest: "Oh Gott, wie schrecklich!". Alle anderen Stimmen kommen einem dagegen ganz normal vor, doch die eigene wirkt komplett künstlich und in einer anderen Tonlage, als du erwartet hättest.

Um dich an eben diese, deine eigene Stimme, zu gewöhnen und selbstbewusster in ihrem Umgang zu werden, habe ich hier ein paar kleine Übungen für dich.

Trainiere deine Stimme

1. Übung:

Mit der Zunge an sämtlichen Zahninnenflächen entlang gleiten, die Außenflächen der Zähne umkreisen und die Schneideflächen abtasten.

2. Übung:

Erzeugen von allen Vokalen hintereinander in hoher, normaler und tiefer Stimmlage.

3. Übung:
Einen Korken in den Mund nehmen und dabei Übung zwei wiederholen - dies erfordert mitunter etwas mehr Zeit.

4. Übung:
Einen Korken in den Mund nehmen und einen Zungenbrecher aussprechen - zehn Mal!

Durch die erste Übung wird die Zunge geschult, sich feinfühliger im Mundinnenraum zu bewegen, um so klarere Laute zu formen. In der zweiten werden die Stimmbänder trainiert. Wichtig ist hier die tiefe Stimme am Schluss, denn sie gilt als die angenehmste Stimmlage, besonders bei Männern.

Ein Beispiel: Früher hatten in Filmen alle Frauen eine durchwegs sehr hohe Stimmlage. Doch auch dies hat sich mittlerweile geändert und so nutzen in modernen Filmen alle Frauen genauso eine eher tiefe Stimme, da sie angenehmer und ruhiger wirkt.

Bei den beiden letzten Übungen wird besonders der Mund trainiert, sich so weit wie möglich zu öffnen. Wenn du die Sätze mit einem Korken einigermaßen aussprechen kannst, dann funktioniert es ohne Korken garantiert erstklassig!

Die Kraft, die zum Erfolg führt, ist die Kraft Ihres Geistes – wie Sie das Schicksal dazu bringen, sich Ihren Plänen und Wünschen zu fügen.

Napoleon Hill

Phase 2: Ansprechen

Diese Phase ist zwar äußerst wichtig, da sie den Einstieg ins Gespräch begründet. Vergiss aber nicht, dass der einzige Grund des ersten Satzes jener ist, ins Gespräch zu kommen.

Das bedeutet: Wähle einen ersten Satz, der entweder garantiert funktioniert oder gerade zur Situation passt. Dadurch stellst du sicher, dass du ihre Aufmerksamkeit fesselst und schaffst eine gute Basis für die Überleitung in ein vorbereitetes Thema oder eine Beobachtung, die sich gerade zur Diskussion anbietet. Für deine ersten Versuche solltest du dich auf erprobte Konzepte verlassen, bis du sicher genug im Auftreten bist, um auch aus dem Stegreif eigene Sprüche zu kreieren. Vergiss aber nicht, dass der beste Anmachspruch zugleich auch der einfachste von allen ist: „Hallo!"

Alles andere ist bereits Teil der nächsten Phase und fällt unter den Begriff „Gespräch halten". Ist es dir gelungen, sie erfolgreich in ein Gespräch zu verwickeln, solltest du Hauptaugenmerk darauf legen, dass du Themen wählst, die sie persönlich interessieren könnten. Achte dabei auf die Reaktion ihrer Körpersprache und die Hinweise, die sie dir während des Gesprächs liefert.

Es gibt nur einen *richtigen* Moment – jetzt!

Einstiegs-Energie

Wenn du eine Frau ansprichst, solltest du auf deinen Energielevel Acht geben. Dieser Level stellt einen Indikator für deine Ausstrahlung dar und kann von „apathisch“ bis zu „euphorisch“ reichen. Im Club sollte dein Energielevel auf alle Fälle höher sein, als der Energielevel der Frau, die du ansprichst. Auf der Straße sollte er wenn möglich gleich sein oder nur ein wenig höher. Dein Energielevel steht auch unmittelbar für deinen sozialen Wert, der letzten Endes darüber entscheidet, ob sich die Frau bei dir qualifizieren wird und du sie somit in weiterer Folge verführst. Gib also besonders Acht darauf, nicht zu energetisch oder zu apathisch zu wirken.

Wir unterscheiden zwischen zwei Energieleveln. Beide sind gleich wichtig und keiner ist „besser“ als der andere – sie sind einfach nur unterschiedlich.

Hoher Energielevel

Zum Beispiel im Club, wo laute Musik gespielt wird. Viele Menschen sind an einem Ort versammelt, die Luft ist stickig und der Raum dunkel, wird von gleißendem, zuckenden Licht in unregelmäßigen Abständen geflutet und es herrscht generell eine gestresste Atmosphäre. Es wird getanzt, gelacht und Small Talk geführt.

Aber auch auf der Straße, wo viele Leute im Einkaufsstress sind oder ihren nächsten Bus erwischen müssen.

> ⅄ Der hohe Energielevel ist die richtige Stimmung für die ersten Phasen wie Ansprechen und Gespräch halten.

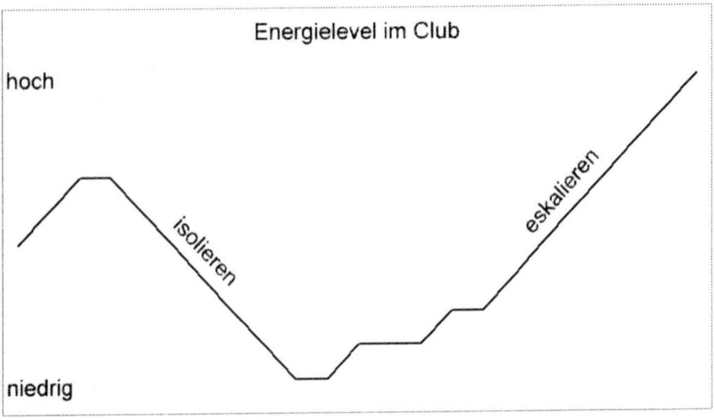

Niedriger Energielevel

Zum Beispiel im Club in einer Chill-Out Area, in einem gemütlichen Café oder bei dir zu Hause. Es ist ruhig, man kann sich in normaler Lautstärke unterhalten und es herrscht wenig Bewegung um euch herum.

> ⅄ Der niedrige Energielevel ist die richtige Stimmung für die späteren Phasen wie Verbindung verstärken, Rapport und Verführung.

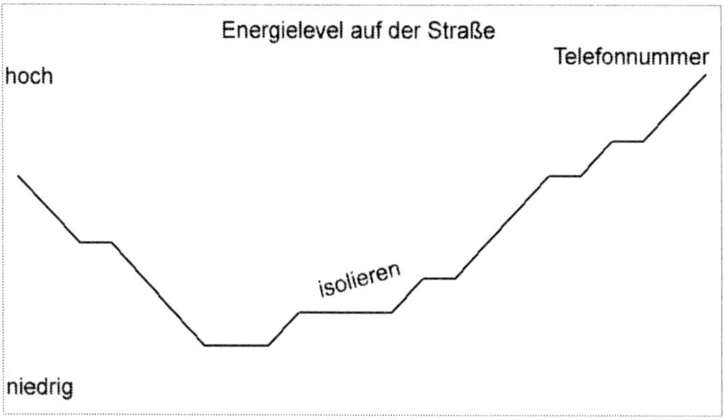

Winkel

Noch bevor du auf eine Frau zugehst, solltest du auf den Winkel achten, aus dem du dich ihr näherst. Ich habe schon unzählige Male gesehen, wie ein eigentlich erfolgreicher Mann schon im Ansatz den Flirt vermasselte, nur weil er die Frau ungewollt „überraschte". Zum Beispiel kam er aus einem Winkel an, aus dem sie ihn nur wenig oder gar nicht wahrnehmen konnte. Vielleicht achtete er zwar auf den Winkel, übersah aber, dass eine Freundin, die zwischen ihm und der Frau stand, die Sicht auf ihn versperrte. Du kennst das wahrscheinlich selbst, wenn du mit Freunden unterwegs bist. Da du dich nur auf sie konzentrierst, nimmst du den Hintergrund etwas dunkler und verschwommener wahr, ihr befindet euch in „eurer Welt". Der positive Aspekt: **Du willst die Frau später in eben diese, deine persönliche Welt, einsaugen**. Weniger gut: Du bekommst sonst nicht viel mit. Deshalb gib immer Acht, ob sie dich auch wirklich kommen sieht. Am ehesten tut sie das, wenn du auf der Straße von vorne auf sie zugehst und bereits aus einiger Entfernung, zwanzig bis fünfundzwanzig Metern, bereits Augenkontakt aufnimmst und sie mit dem breitesten Grinsen, das du dir nur aufsetzen kannst, anlächelst. Sollte sie dennoch, zum Beispiel auf einer Einkaufsstraße, vor dir gehen, dann sprich sie trotzdem nicht sofort an! Viel besser wäre es in so einer Situation, die Straßenseite zu wechseln und dann von weiter vorne wieder zurück und auf sie zu zu gehen.

- Sie sollte sehen, wer auf sie zukommt! Sprich sie wenn möglich nicht von hinten an.
- Stehen Freunde im Blickfeld, sieht sie dich nicht! Sie blendet die Umgebung hinter diesen unbewusst aus.
- Wenn du von der Seite aus auf sie zugehst, achte auf einen **maximal ca. 30° Winkel**, denn sonst bemerkt sie nicht, dass du auf sie zukommst.

Du erinnerst dich bestimmt noch an Kapitel eins, in dem wir die Rolle des Mannes besprochen haben und wie Frauen Bekanntschaften *einfach so passieren*. Genau darum geht es bei der perfekten Verführung! Du erschaffst Zufälle, die den Anschein erwecken, dass eure Begegnung quasi vom Schicksal bestimmt war. Genau durch dieses Moment ist es für Frauen viel einfacher, in ein Gespräch mit dir einzusteigen, da sie keine Angst haben müssen, dass du dies ständig machst.
Du erkennst langsam die Ironie daran…

Der beste Winkel? Von vorne!

Wenn wir nun auf der Straße auf jemand Unbekannten zugehen, dann wird uns diese Person **instinktiv ausweichen**, es sei denn, sie ist besonders unaufmerksam. Da dieses Beobachten und Ausweichen von Hindernissen aber tief in unseren Genen verankert ist und als „Standardprogramm“ ständig unbewusst abläuft, wirst du deine Pläne dementsprechend anpassen müssen.

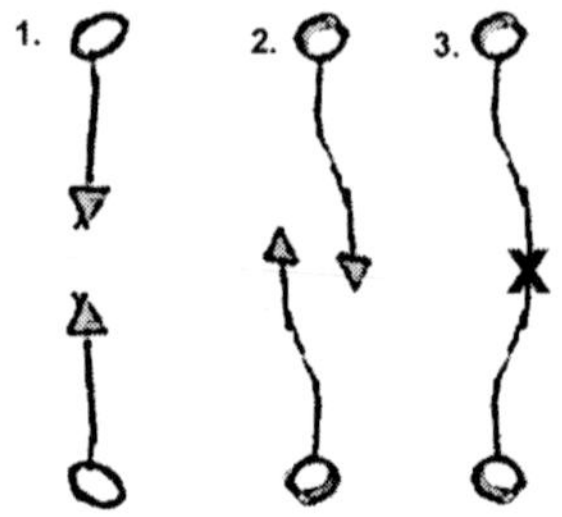

In der **Praxis auf der Straße** läuft es dann so:

<u>20 Meter:</u>
Sie sieht dich bereits kommen.

<u>15 Meter Abstand:</u>
Anscheinend kreuzen sich eure Wege, sie weicht aus.

<u>10 Meter Abstand:</u>
Du erkennst das Ausweichen und passt deine Gehrichtung an. Nun beginnst du, sie nonverbal herunterzustoppen (im nächsten Kapitel erkläre ich dir genau, wie du dies bewerkstelligst), bis sie vor dir zu stehen kommt und du sie mit einem Lächeln ansprichst.

Vorsicht: Denke daran, dass die Entfernung im Club meistens etwas kürzer ist.

Als kleine Übung kannst du auch einfach auf einer belebten Straße versuchen, direkt auf Menschen zuzugehen und dabei beobachten, wie sie dir unbewusst ausweichen werden. Deine Erfahrungen schreibst du dann in deinem Journal nieder.

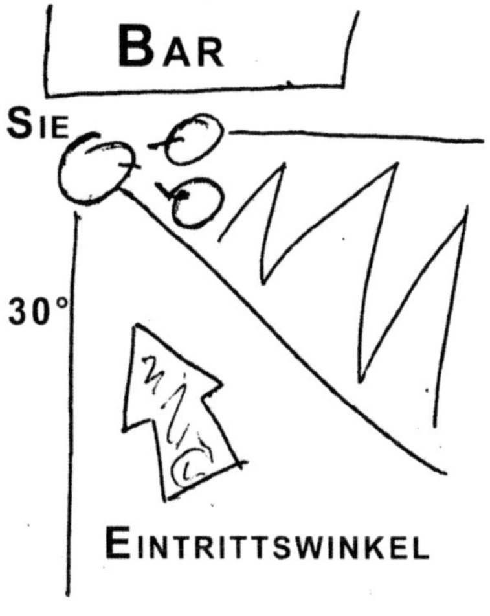

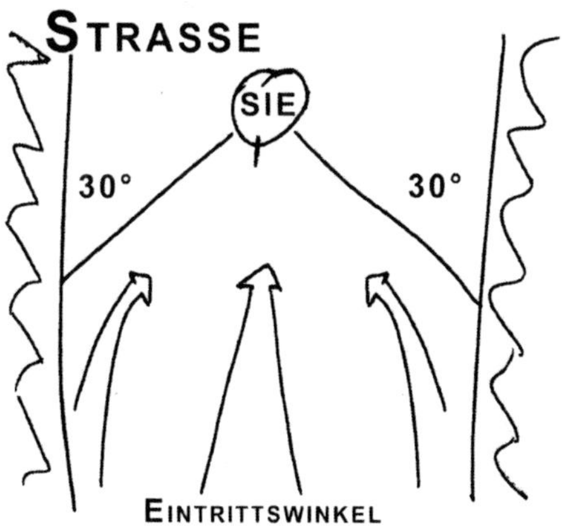

Stoppen

Wenn du auf die Frau zugehst, die du ansprechen willst, sieht sie dich bereits kommen. Ist sie aber in Bewegung, zum Beispiel auf der Straße, dann musst du sie dazu bringen, stehen zu bleiben und für ein paar Sekunden ihre Aufmerksamkeit für dich zu gewinnen, damit sie sich dazu entschließen kann, dir weiter zuzuhören.

Während du also auf sie zugehst, streckst du die Hände leicht hervor und deutest bereits von einer Entfernung von circa zehn Metern aus an, dass sie langsamer werden soll. Bewege dazu (die offenen Handflächen zeigen in ihre Richtung) die Hände langsam auf und ab, um sie runterzubremsen. Wenn du sie ansprichst, ist sie bereits etwas langsamer, du sagst also mit einem breiten, freundlichen Grinsen "Hallo, stopp!" oder „Hallo, bleib mal kurz stehen!“ und überkreuzt im selben Moment die Arme vor ihr. So stoppst du sie richtig.

Dies sollte in eine **fließende Bewegung** übergehen, die Arme auch wieder zu öffnen. Somit fällt es bewusst nicht auf und unterstützt dich genauso in einer offenen Körperhaltung, was sehr wichtig ist.

Deine Übungsaufgaben für das richtige Stoppen lauten wie folgt:

Übung 1:
Stoppe fünf Passanten, indem du sie ansprichst und bittest, stehen zu bleiben. Benutze möglichst keine Körpersprache!

Übung 2:
Stoppe nun fünf weitere Personen, indem du obige Technik anwendest. Was ändert sich?

Halte deinen Fortschritt im Journal fest.

So sollte das Stoppen aus der Perspektive der Frau aussehen.

Der erste Eindruck

Menschen brauchen Zeit, um sich auf ihr Gegenüber einzustellen. Telemarketing Profis wissen zum Beispiel, dass die ersten Satzteile überhaupt nicht registriert werden – der Kunde am anderen Ende der Leitung braucht einfach eine gewisse Zeit, um sich auf die Stimme und das Gesprächsthema einzustellen. Dies sollte dir nur weitere Gewissheit geben, dass der erste Eindruck von anderen Dingen abhängt als von dem, was du sagst. Ich habe dir schon aufgezeigt, wie gute Körpersprache auszusehen hat. Nun liegt es an dir, das auch umzusetzen!

> Beobachte dich zuerst im Spiegel, im besten Fall nimmst du dich selbst im Alltag mit Videokamera oder Webcam auf und schreibst dann in dein Journal, wie deine Körpersprache objektiv betrachtet aussieht und was es zu verbessern gilt. Kontrolliere zwischendurch immer wieder, ob du auch nicht darauf vergisst, auf deine Körpersprache Acht zu geben.

Ich weiß aus eigener Erfahrung, dass du besonders die Körpersprache nicht von heute auf morgen ändern kannst. Es spielen einfach viel zu viele Faktoren eine Rolle. Körperbau, Fitness, Ernährung, bewusstes Auftreten, Angewohnheit. Da aber gerade **der erste Eindruck hauptsächlich nonverbal durch Körpersprache und Styling geformt wird**, solltest du auf genau diese Kategorien besonderen Wert legen. Immerhin entscheidet sich genau hier, ob du eine neue Bekanntschaft schließt oder nicht!

- Achte auf die Stimme
- Die ersten Satzteile werden nicht registriert
- Lass ihr Zeit, um sich auf deine Stimme einstellen zu können

Besonders interessant ist hier wirklich zu erwähnen, dass die meisten Paare nicht wissen, was die ersten Sätze waren – es sei denn, einer von beiden hat sich vorher explizit Gedanken darüber gemacht! Du kannst das in deinem Freundeskreis überprüfen.

Es ist egal, wieso du sie ansprichst.

Wichtig ist nur, *dass* du sie ansprichst!

Du kannst es auch gleich selbst ausprobieren: Frage Frauen einfach, am besten während du gerade ihre Nummer holst, wie sie dich eigentlich angesprochen hat (auch, wenn du es warst, der sie angesprochen hat). Anhand ihrer Reaktion kannst du auf viele interessante Dinge schließen:

- Welchen Eindruck habe ich hinterlassen?
- Hat sie sich gemerkt, was ich gesagt habe?
- Wie hat sie reagiert?
- Wie hätte sie reagieren sollen?
- Wie sollen Frauen in Zukunft auf mich reagieren?

Jetzt, wo du sie zum Stehen gebracht hast, ist das Wichtigste: Lass sie nicht davonkommen! Du willst sie in eine spannende Konversation verwickeln und um diese zu starten, musst du sie zuallererst in das Gespräch einbinden.

Ansprechen

Der einzige Zweck, den der erste Satz zu erfüllen hat, ist dieser: Sie soll dir kurz zuhören. Deshalb ist egal, was du sagst! Hauptsache, du hast ihr Interesse gewonnen. Es gibt verschiedene Arten, Frauen anzusprechen, der Hintergrund bleibt aber immer der Gleiche:

- Der erste Satz soll ihre Aufmerksamkeit erregen

  Beispiel: „Hallo!“
- Der zweite Satz soll sie ins Gespräch einbinden

Dein Hauptaugenmerk sollte also auf dem zweiten Satz liegen, und nicht wie durch Medien oft fälschlich vermittelt, dem ersten. Denn **erst mit dem zweiten Satz entscheidet sie sich, ob sie sich mit dir unterhalten will**.

Noch sind wir direkt beim Stoppen, sie steht jetzt vor dir und sieht dich an – was sagst du? Es gibt **2 Arten, mit einer Frau ins Gespräch zu kommen**:

- Sie spricht dich an
- Du sprichst sie an

Wenn sie sich nicht traut dich anzusprechen, dann liegt es wohl an dir. Die Frage ist aber nicht, *ob* du sie ansprichst, sondern *wie*. Denn **du sprichst sie auf alle Fälle an, wenn sie es nicht von sich aus tut** - auch wenn dir nichts einfällt! Dann gehst du einfach zu ihr und sagst: „Wow, normalerweise wüsste ich ja, was zu sagen ist – aber jetzt fehlen mir die Worte. Erzähl mir doch etwas Spannendes von dir!“

Der **Idealfall** sieht aber so aus, dass du **vorbereitet** bist! Und genau hier hakt auch das System ein:

Wie sprichst du Frauen bisher an? Vergleiche deine bisherige Art, auf Frauen zuzugehen, mit den folgenden Methoden und schreibe in deinem Journal nieder, wie die Frauen in der Praxis darauf reagiert haben. Bemerkst du den Unterschied?

I. Vorbereiteter Spruch

II. Situationsabhängig

III. Nach der Meinung fragen

Prinzipiell gibt es **zwei Arten**, eine Frau anzusprechen: mit einem **vorbereiteten Spruch** (Variante I) **oder indirekt** (Varianten II und III).

Gehst du den direkten Weg, dann wirst du ihr von Anfang an sagen, dass du sie verführen wirst. Du deckst deine Karten quasi auf und überlässt ihr die Entscheidung, ob sie mit dir Zeit verbringen will.

Dieser Weg wird oft von unsicheren Männern gewählt, da sie denken, ihre Unsicherheit am ehesten zu überspielen, indem sie das andere Extrem einnehmen. Natürlich wissen Frauen genauso gut wie du, dass es so nicht unbedingt zum Erfolg führen wird.
Solltest du eine **gute Ausstrahlung, ein selbstsicheres Auftreten und die richtigen nonverbalen Signale** an den Tag legen, wird jedoch auch die direkte Variante für dich funktionieren. Letzten Endes kommt es nämlich immer nur darauf an, wie du auf sie wirkst und was du tust.
Wichtig ist, wenn du sie schon direkt ansprichst, dass sie sich bei dir **qualifiziert**, damit sie um dich kämpfen muss!

<u>Beispiele für vorbereitete Sprüche:</u>

- Hallo! Du gefällst mir [kurze Pause], erzähl doch etwas Spannendes von dir!
- Stopp! Du hast eine sehr positive Ausstrahlung [kurze Pause], steckt da noch mehr dahinter?
- Bleib kurz stehen! Du hast eine besondere Ausstrahlung [kurze Pause] - oder bist du bloß nervös?

Um ihr jedoch nicht gleich zu Beginn all deine Macht zu überlassen, wäre es klüger, sie zuerst noch im Unklaren zu lassen, ob du sie nun verführen willst oder dich einfach gerne mit fremden Menschen unterhältst. **Je lockerer dein Auftreten, desto natürlicher wirkt es, dass du einfach so mit hüb-**

schen Frauen sprichst. Sie wird es als alltäglich empfinden, wenn du es ebenso als völlig normal siehst. Wenn sich das Gespräch gut entwickelt, kannst du bewusst immer mehr in Richtung offensichtlicher Flirt gehen.
Deshalb empfiehlt sich hier die **situationsabhängige Variante**. Du kannst mit dieser direkt auf ein interessantes Thema in eurer Umgebung lenken und kommst dementsprechend leicht mit ihr ins Gespräch. Passende Themen im Club wären interessante, merkwürdige Leute in eurer Nähe, spaßige Ereignisse oder das Personal. Auf der Straße kannst du über andere Passanten, Sehenswürdigkeiten, Werbeplakate, Streetworker und vieles mehr sprechen.

Beispiele für situationsabhängige Sprüche:

- In der Nähe steht ein sehr schmächtiger Junge und du sagst: Hallo! Ist dir auch gerade der Typ da drüben aufgefallen? Allein die Ausstrahlung zeugt doch von einem echten Rambo, oder?
- Sie steht in der Nähe von einer Gruppe Streetworker: Stopp! Brauchst mich gar nicht so ansehen, ich will nichts spenden!

Darüber hinaus **stellen solche auswendig gelernten Sprüche eine ausgezeichnete Möglichkeit dar, um zu üben**. Es ist eine bewährte Routine, da du damit den Fokus garantiert auf dich bindest. Der Nachteil an der Sache: du bist nicht der einzige, der diese Methode jetzt kennt. Deshalb solltest du möglichst bald deine eigenen Sprüche in petto haben. Da du aber besonders bei den ersten Versuchen unter Um-

ständen nicht sofort Erfolge verzeichnen wirst können, ist es umso angenehmer, etwas bereits Funktionierendes nutzen zu können. Wenn es nicht klappt, dann weißt du nämlich sofort, dass etwas anderes, viel Wichtigeres (so zum Beispiel deine Körpersprache oder das Auftreten) nicht gepasst hat!
Sehr leicht kommst du mit Variante III, der **weiblichen Meinung**, ins Gespräch. Menschen nehmen sich selbst oft sehr ernst, und da tut es umso besser, wenn sich jemand für die eigene Meinung interessiert. Somit ist es nahe liegend, eine Frau um eine weibliche Perspektive bei einer mehr oder weniger wichtigen Frage zu bitten.

Beispielhafte Fragen nach der weiblichen Meinung:

- Hallo! Ich brauche deine Hilfe! Wir unterhalten uns schon den ganzen Abend über dieses Thema und brauchen jetzt einfach eine weibliche Meinung: Sehen meine Schuhe schwul aus?

- Stopp! Du musst mir kurz weiterhelfen. Diese Frage beschäftigt mich schon seit gestern und ich brauche jetzt eine weibliche Perspektive: Zahnseide *vor* oder *nach* dem Zähneputzen?

Du siehst schon, dass es nicht wirklich darauf ankommt, den intelligentesten Spruch parat zu haben – eine interessante Beobachtung ist sogar, dass je dümmer der Spruch wirken mag, desto einfacher du auch in eine spannende Unterhaltung gerätst. Eigentlich logisch – **so lange du Spaß daran hast**, solche Dinge auszuprobieren, **strahlst du eine entspannte und fröhliche Stimmung aus, die ansteckend ist**!

Eure Zeit begrenzen

Oftmals ist es nicht möglich völlig kalibriert mit Frauen ins Gespräch zu kommen. Es kann dir immer passieren, dass du keine Möglichkeit zum Augenkontakt hast oder du sie überraschend ansprichst und sie mitten in einem spannenden Gespräch mit ihrer Freundin unterbrichst. Deshalb ist es ratsam, ihr **von Anfang an klarzumachen, dass du nicht lange bleiben kannst**. Viele Frauen fühlen sich unangenehm bei dem Gedanken, von einem Typen überrumpelt zu werden, der sie dann auch noch den ganzen Abend nerven wird. Darum bedienst du dich dieser Technik und ermöglichst damit eine **ungezwungene, lockere Konversation**. Die Methode ist denkbar simpel. Du baust in den ersten Sekunden des Gespräches folgenden oder einen ähnlich aufgebauten Satz ein:

> ⅄ Meine Freunde kommen gleich, ich muss in zehn Minuten weiter.

Seid ihr in einer angeregten Unterhaltung, weil alles gut läuft, dann vergisst sie womöglich ganz darauf, was du zu Beginn gesagt hast – ihr überseht einfach beide die Zeit. **Erinnert sie dich daran, dass du doch zu deinen Freunden wolltest**, dann kannst du je nach Situation damit umgehen. Läuft es gut, dann kontere mit „Die sind schon groß, die kommen auch kurz ohne mich zurecht.“ Läuft es nicht ganz so gut, dann lass sie kurz alleine und komm später wieder „zufällig“ vorbei.

Logistik

Die Logistik zu überprüfen gehört zu den wichtigsten Werkzeugen, die ein Verführer haben kann. Du zielst dabei darauf ab, schon möglichst zu Beginn in Erfahrung zu bringen, mit wem die Frau unterwegs ist, was sie in den nächsten Minuten oder den restlichen Tag/Abend noch vor hat. Dadurch kannst du sofort entscheiden, wie du vorgehen wirst. Bleibt dir **nur wenig Zeit**, ist wahrscheinlich ein vorzeitiger **Abbruch** mit einem Blick auf die Uhr und dem Satz „Ich muss jetzt weiter, doch du scheinst mir eine sehr sympathische Person zu sein – das Gespräch sollten wir auf jeden Fall weiterführen, meinst du nicht?“ und dem **Holen der Telefonnummer** eher anzuraten.

Bleibt **mehr Zeit**, so überlegst du dir sogleich die nächste **Komfort-Lokalität** und **wann** du den **Lokalitätswechsel** durchführen wirst. Neben zeitlichen Faktoren spielen auch viele andere eine wesentliche Rolle:

- Mit wem ist sie hier?
- Was hat sie vor
    - in den nächsten zehn Minuten
    - in der nächsten Stunde
    - den restlichen Tag / Abend

Um zu korrekten Ergebnissen zu kommen darfst du **nicht zu viel und nicht zu direkt fragen**, sie soll sich nicht wie in einem polizeilichen Verhör fühlen. Der beste Weg, um die Logistik zu überprüfen, ist der indirekte, mitten im Gespräch durch beiläufige Fragen. Sind Freundinnen dabei, dann fragst du eine von ihnen, woher sie sich kennen. Die nächste fragst du, woher sie kommen und was sie heute noch vorhaben.

So erfährst du Stück für Stück mehr relevante Informationen und hältst damit auch noch die Konversation für die ersten Minuten am Laufen. Natürlich solltest du ehest möglich zu persönlicheren Themen wechseln, dann wird es aber schwerer, die Logistik zu überprüfen.

Baue diese Fragen also möglichst geschickt bereits **in den Small Talk ein** und sichere dir somit die Option, vor ihr das Gespräch zu beenden, falls sie in wenigen Minuten wieder gehen muss. So behältst du die Kontrolle im Gespräch und kannst gezielt vorgehen. **Als letzter Ausweg**, falls sie oder du aus irgendwelchen Gründen gehen müssen, bietet sich natürlich **immer die Telefonnummer** an. Diese solltest du am besten **mit der richtigen Technik** (Zeitbrücke) holen, um einerseits garantiert die richtige Nummer zu haben und andererseits bereits im Vorfeld die Chance zu erhöhen, sie wieder zu sehen.

Ebenfalls wichtig ist es für dich bereits jetzt zu wissen, **wohin du sie isolieren kannst**. Halte also Ausschau nach Komfort-Lokalitäten (dazu später in Phase drei mehr)!

Vorselektieren

Stell dir vor, du bist abends im Club unterwegs. Deine Freunde tun, was deine Freunde so tun, aber du hast heute ein anderes Ziel. Du wirst eine Frau mit nach Hause nehmen! Und das Beste daran: Du fühlst absolut keinen Druck, denn du weißt noch bevor du sie ansprichst, dass du gewonnen hast.
Wie das möglich ist? Auf Grund zweier Tatsachen:

1. Du kannst jetzt Körpersprache lesen
2. Du selektierst vor dem Ansprechen

Der erste Punkt kommt mit der Erfahrung und wird in einem späteren Kapitel noch genauer besprochen, die zweite Technik kannst du sofort umsetzen. Sie eignet sich bestens für alle unter uns, die noch immer das Adrenalin vor dem Ansprechen verspüren und zu lange überlegen, ob sie die Frau jetzt ansprechen oder nicht. Abgesehen davon, dass du sie auf jeden Fall ansprechen wirst, wenn sie dir gefällt, kannst du mittels Vorselektierens schon vor dem Ansprechen abschätzen, wie gut deine Chancen stehen. Es hat also sehr viel mit **Erfahrungswerten und Menschenkenntnis** zu tun. Der Ablauf sieht folgendermaßen aus:
Du bewegst dich durch den Club und drehst ein bis zwei Runden. Dabei beobachtest du die anderen und trägst ein entspanntes Lächeln. Sieh allen direkt und freundlich in die Augen und nicke mitunter jenen zu, mit denen eine Art „Verbindung“ zu spüren ist (beziehungsweise, um eine eben solche zu erzeugen).

Noch sprichst du sie jedoch nicht an. Dein Ziel ist es, zwei bis drei Frauen zu finden, die dir gut gefallen und mit denen du bereits Augenkontakt hattest. Wahrscheinlich haben sie auch zurückgelächelt und du hast eine Verbindung gespürt. Je besser du wirst, desto mehr Details werden dir auffallen.

- Mit wem ist sie hier?
- Führt sie die Gruppe an / ist sie allein?
- Logistik: Ist sie nur auf der Durchreise oder bleibt sie womöglich den ganzen Abend?

Hast du zwei bis drei Frauen gefunden, bei denen du dir einen spannenden Gesprächsverlauf vorstellen könntest, dann lautet meine Empfehlung: Sprich jetzt entweder eine davon oder überhaupt eine andere an. Wenn du dir aber eine aussuchst, dann sprich die Schönste von allen an!

Wenn du zuerst die hübscheste Frau im Club ansprichst, dann hat das nur Vorteile!

Du denkst, andere beobachten dich beim Ansprechen? Verdammt richtig! Lass es uns zu deinem Vorteil nutzen: Du sprichst die schönste Frau weit und breit an, ihr unterhaltet euch und im schlimmsten Fall wird nach zwei bis drei Minuten klar, dass sie kein Interesse hat. Du beendest das Gespräch höflich und wünschst ihr noch mit einem Lächeln einen schönen Abend. Das ist kein Grund zu verzweifeln, du bist vielleicht einfach noch nicht soweit. Das wird sich bald ändern – jetzt geht es aber erst einmal darum, das Beste aus dieser Situation zu machen. Wie das geht? Es ist eine reine Frage der **subjektiven Realität**. In der Realität eines Verlierers wird schnell klar: „Alle haben gesehen, wie ich abblitze. Schrecklich! Heute geht gar nichts mehr."

In der Realität eines Gewinners sieht die gleiche Situation so aus: „In Ordnung, mit ihr wird es wohl doch nichts. Kein Problem, **alle anderen wissen jetzt von mir, welchen Standard ich bei Frauen habe. Viel besser: Sie denken wahrscheinlich, dass sie nur eine Bekannte von mir ist und fragen sich, wie dann erst die Frauen aussehen, mit denen ich ausgehe!**"

Das bedeutet, dass du deine innere Einstellung gerade um 180° gedreht hast. Du hast im absolut Schlechten das absolut Gute gesehen! Willkommen in der Welt eines Verführers. Und als solcher hast du jetzt die absolute Gelassenheit, jede Frau im Club anzusprechen mit der Sicherheit, dass sie sich bereits qualifizieren müssen, um bei dir mithalten zu können.

Darüber hinaus ist es nun viel einfacher, mit den anderen Frauen im Club zu sprechen, da es ja nur besser laufen kann, jetzt wo du dich sogar recht nett mit der begehrtesten Frau vor Ort unterhalten hast! Dazu kommt auch noch, dass sie dich bereits vorher **über den Augenkontakt eingeladen haben, mit ihnen zu sprechen.**

Phase 3: Gespräch halten

Um sie näher kennen zu lernen, musst du bereits in den ersten drei bis fünf Minuten mindestens ein Thema finden, das auch für sie interessant ist. Achte deshalb unbedingt darauf, was sie dir bereits zu Beginn für Hinweise in Bezug darauf liefert. Auch ihr Styling und die Körpersprache sagen viel über sie aus, am meisten erfährst du aber aus ihrer Reaktion auf dein Verhalten. Wenn sie lacht, dann bleibe an dem jetzigen Thema dran und frage nach, ob sie beispielsweise persönlich etwas Ähnliches erlebt hat und wie das denn genau war. Wer sich vergleicht, der findet auch **Gemeinsamkeiten**! Diese solltest du **positiv hervorheben** und darauf das Thema lenken.

Noch ein letzter Punkt: Das Kapitel heißt „Gespräch *halten*“, viele Menschen wissen aber noch nicht einmal bewusst, was es überhaupt bedeutet, ein Gespräch zu *führen*!

Lass uns kurz rekapitulieren: **Wir bringen die Frau dazu, uns zu verführen. Das tun wir, indem wir sie in die Position bringen, sich zu qualifizieren, um ihren sozialen Wert an den unseren anzugleichen.** *Du* bist es aber, der bestimmt, ob sie deinen Ansprüchen genügt oder nicht! An dir liegt es also auch, das Gespräch zu führen. Und das tust du, indem du Fragen stellst. Und zwar nicht im Sinne eines kriminalpolizeilichen Verhöres oder indem du mit zähem Small Talk durchkaust, woher sie kommt, was sie tut, wie alt sie ist, ob sie eine Katze hat, wann sie ihre Blumen gießt…

Auf die richtigen Fragen kommt es an!

Im Idealfall erzählt sie dir ihre ganze Lebensgeschichte (die mitunter sogar sehr spannend sein kann) und du hakst an den Passagen nach, die ihr offensichtlich am meisten Spaß machen. Die besten Gespräche, die Frauen je mit dir führen werden, sind jene, in denen du kaum etwas sagen wirst!

Weiters solltest du kontinuierlich an deiner Art zu kommunizieren arbeiten.

- Behalte deine Einstellung bei: Sie muss sich qualifizieren!
- Du willst eine emotionale Bindung schaffen
- Suche nach persönlichen Werten
- Sei witzig, spannend, spontan und etwas sarkastisch
- Zeige auf, dass ihr ähnliche Werte habt
- Ziehe sie in deine Welt hinein

Gesprächsthemen

Dennoch bieten sich im Vorfeld schon einige Themen an, zu denen eigentlich jeder Mensch eine Meinung hat und die jeder nachempfinden kann.

Als Oberkategorien orientieren wir uns jetzt an den Emotionen, die wir bei ihr wecken wollen. Aus der Kommunikationswissenschaft wissen wir, dass eine Nachricht durch den **Inhalt nur zu 7%** ausgemacht wird, **dafür aber über 70% nonverbal** durch Körpersprache vermittelt wird.

Genauso viel Wert solltest du in einem Gespräch auch den Emotionen beimessen, die durch die Geschichte geweckt werden. Welche Emotionen sollen Frauen also empfinden, wenn du dich mit ihnen unterhältst? Natürlich positive!

Positive Emotionen werden durch verschiedene Themen geweckt, und je mehr sie sich damit identifizieren kann, desto intensiver wird das Gefühl. Du solltest also sehr viel Aufmerksamkeit darauf verwenden, gleich zu Beginn die richtigen Themen anzusprechen.

Einige der spannendsten Unterhaltungsthemen sind zum Beispiel:

- Musik
- Urlaub und Reisen
- Lieblingstätigkeiten
- Familie
- Style, Kleidung, Accessoires
- Wohnungseinrichtung
- Kochrezepte
- Umgebung / andere Menschen
- Vorbereitete Geschichten
- „Gossip“ / Star News

Themen, die es zu **vermeiden** gilt:

- Religion
- Politik
- Krieg
- Negative Erfahrungen

Gemeinsamkeiten aufzeigen

Du hast in den ersten Minuten Small Talk erfolgreich ein Thema gefunden, das sie sehr interessiert. Sie erzählt dir wahrscheinlich gerade aufgeregt über ein Erlebnis, zum Beispiel ihren letzten, richtig perfekten Urlaub. Du siehst ihr an, wie sich auch ihre Körperhaltung entspannt und sie in Gedanken etwas abschweift. Gratuliere, du weckst gerade eben die genau richtigen Emotionen in ihr! Höre aufmerksam zu und hake bei ein oder zwei Stellen, die ihr besonders am Herzen liegen, nach. Du tust dies aus einem speziellen Grund: einerseits weil es dich brennend interessiert (und sie dadurch noch intensiver die positive Emotion verspürt) und andererseits, um an eben dieser Erfahrung, die ihr so viel bedeutet, eine Gemeinsamkeit aufzuzeigen.

Indem du diese **Gemeinsamkeit mit Bedacht wählst**, verdeutlichst du nicht nur die Einstellung, dass sie sich bei dir qualifizieren muss, da du sehr selektiv die Gesprächsthemen aufgreifst, du kannst auch über diese **Emotion, die euch ab jetzt verbinden wird**, eine sehr **positive Nähe zum anderen schaffen**.

Du kannst aber auch sehr leicht Gemeinsamkeiten aufzeigen, wo auf den ersten Blick gar keine sind. Nehmen wir als Beispiel ihr absolutes Lieblingshobby: den Reitsport. Sie vergöttert Pferde über alles und verbringt jede freie Minute draußen. Du kannst dich aber überhaupt nicht mit diesem Getier anfreunden und befürchtest, dass das eure Verbindung zerstören könnte. Es kommt aber nicht auf den Inhalt an, sondern die Emotion! Denk daran, wenn dir so etwas passiert, und rufe dir ins Gedächtnis, was ich dir jetzt erklären werde.

Sie liebt also den Reitsport. Dann hake hier nach und leite das Gespräch auf eine emotionalere Ebene: Wie fühlt sie sich, wenn sie auf ihrem Pferd sitzt? Allein durch den Wald reitet, angenehm kühle Luft auf der Haut spürt und diese rhythmischen, entspannenden Bewegungen fühlt? Sie wird dir nun ihre positiven Emotionen beschreiben, warte ab, bis sie es dir so genau beschrieben hat, dass sie gerade in Gedanken mitten im Geschehen ist und setze dann die Verbindung. Du könntest zum Beispiel sagen:

> „**Ich weiß *ganz genau*, wie du dich fühlst**. Reiten war ich zwar noch nicht, aber ich gehe öfters joggen, wenn ich viel Stress im Büro habe. Dann brauche ich das einfach als Ausgleich. Ich packe meine Sachen zusammen und fahre etwas raus in die Natur, wo die Luft ein bisschen kühler ist als in der Stadt und keine Leute in der Nähe sind. Dann fange ich einfach an geradeaus zu laufen und schaue, wohin mich der Weg führt. **Dabei kann ich endlich einmal abschalten und alles um mich herum einfach vergessen. Du bist einfach du selbst, fühlst dich wie du dich fühlst und siehst, was du siehst. Ein Zustand absoluter Entspannung und Zufriedenheit. Ich liebe das, und ich weiß, dir geht es ganz genau so, wenn du reiten bist.**“

Ist das nicht eine *fantastische* Verbindung?

Wir bewegen uns hier aber bereits im Bereich der Suggestion, denn du wirst feststellen können, wie sich ihre gesamte Körperhaltung merklich entspannt, wenn du ihr obige Geschichte erzählst. Indem du ihr beschreibst, wie du dich fühlst, beginnt sie sich ebenso zu fühlen! Nutze diese Möglichkeit, um die Verbindung zwischen euch zu verstärken.

Besonders effektvoll wirkt dieser Vergleich, wenn du genau Acht gibst, **welche Worte sie verwendet, um ihre Emotion zu beschreiben** und diese Sprache dann bei deiner eigenen Geschichte einsetzt. Dies erzeugt eine besonders tiefe Verbindung.

I. Frage sie, was sie am allerliebsten tut

II. Frage nach, wie sie sich dabei fühlt

III. Lass sie die positiven Emotionen genau beschreiben

IV. Schaffe jetzt eine Verbindung über einen Vergleich

V. Verstärke die Verbindung, indem du ihre Wortwahl benutzt

Ebenso **einfach ist es natürlich, sie dazu zu bringen, deinen Werten zuzustimmen**. Das Beste daran: Sie qualifiziert sich automatisch dabei! Indem sie die Gemeinsamkeiten „von alleine“ entdeckt, wirken sie umso stärker. Du kannst ihr zum Beispiel vermitteln:

> „Ich selbst achte ja sehr auf meinen Körper. Für mich ist es wichtig, eine Balance im Leben aufrecht zu erhalten, damit ich mich auch entspannen kann. Ich denke, dass Entspannung sehr wichtig ist, findest du nicht auch?“

Natürlich wird sie dir zustimmen! Ebenso kannst du positive Themen einbauen, die sie bereits angedeutet hat. Du hältst ihr also den Köder vor die Nase, damit sie auch brav zuschnappt. Ich empfehle dir aber nicht nur aus Gründen der Ethik, sondern besonders um kongruent und authentisch zu wirken, dass du nur jene Dinge aufzeigst, die auch wirklich deinem Interesse entsprechen. Andernfalls bist du nur ein Schauspieler und kein Verführer.

Zuhören heißt:

Eine Tür öffnen

Elisabeth Haberleitner

Sozialer Wert

Der soziale Wert, den du dein Eigen nennst, wird durch das Bild bestimmt, das du selbst von dir hast. Bist du oft unsicher und meinst, du könntest Fehlschläge erleiden? Dann ist dein sozialer Wert vermutlich nicht sehr hoch. Leider ist er stark geprägt durch Kindheit, Freundeskreis, Beruf und Familie, wo du bestimmte Rollen eingenommen hast und aus denen du nur sehr schwer entfliehen kannst. Hast du es aber satt, immer unterschätzt zu werden, dann musst du etwas ändern! Du weißt bereits, dass es ganz in deinen Händen liegt, wer du bist und nicht von dem, was andere über dich denken!

Um deinen Wert dauerhaft zu erhöhen, musst du mit dir selbst ganz und gar zufrieden sein. Ich kann dir nicht sagen, wer du sein sollst, weil ich nicht weiß, wer du sein willst. Diese Frage kannst du dir nur selbst beantworten (und hast es schon ansatzweise in deinem Journal getan). Jetzt geht es an die Umsetzung. Ich rate dir hierbei eines:

Tue das, was du willst

und lasse nicht mehr locker,

bis du deinen Traum verwirklicht hast!

Besonders für Menschen fortgeschrittenen Alters ist es oft sehr schwer, ihr gewohntes Umfeld (die Komfort-Zone) zu verlassen und Neues auszuprobieren. Dies wird oft als „Midlife-Crisis“ abgetan und ist durch Medien und Gesellschaft negativ belastet.

Du weißt, dass es wieder nur ein weiterer Punkt auf einer endlos langen Liste von Dingen ist, die dir die Gesellschaft glauben machen will, die aber überhaupt nicht der Realität entsprechen. Wer sich mit vierzig auf ein Motorrad setzt, den Führerschein macht und dann für zwei Wochen durch Ibiza fährt, ist in meinen Augen ein abenteuerlustiger, spontaner, mutiger und höchst bewundernswerter Mensch!

Jeder, der seinem Herzen folgt, hat nichts anderes verdient, als mit der Realisierung seines Wunsches beschenkt zu werden! Ein sehr gut befreundeter Lebens- und Sozialberater sagte einmal zu mir:

> „**Das Leben gibt uns das, was wir von ihm verlangen**. Wer sich in einer Sackgasse wieder findet und aufhört, vom Leben etwas zu erwarten, der wird auch nichts bekommen. Nur wer bereit ist, für seinen Traum alles zu geben, der wird ihn auch verwirklichen!“

Das Verlassen der Komfort-Zone

Du lernst immer nur dann dazu, wenn du deine eigene Komfort-Zone verlässt. Mir ging es so zum Beispiel mit dem Fitness Training. Ich konnte mir überhaupt nicht vorstellen, mehrmals wöchentlich, auch bei Regen, mich früh aus dem Bett zu quälen und dann wie ein Verrückter im Kreis zu laufen, denn schließlich würde ich ja nur wieder dort ankommen, wo ich begonnen hatte. Und darüber hinaus würde ich auch noch stinken und verschwitzt sein, die Kleidung würde am Körper kleben und ich würde mich bloß ärgern. Damals wog ich zwanzig Kilo mehr und war auch sonst nicht sehr glücklich mit meinem Körper. Eines Tages aber wusste ich, dass sich etwas ändern musste. Dieser späte Geistesblitz brachte mich dazu, meinen inneren Blockaden zu trotzen und es einmal zu versuchen. Der erste Versuch endete mit meinem kläglichen Scheitern. Ich schaffte es gerade einmal einen Kilometer weit und bekam kaum noch Luft. Aber ich versuchte es wieder – und siehe da, diesmal kam ich zwei Kilometer weit und lief in angenehmerem Tempo, sodass ich nicht sofort außer Atem war. Zwei Wochen später war das tägliche Joggen fest in meinem Zeitplan verankert und jeder Tag, an dem ich aus zeitlichen Gründen nicht joggen konnte, schien mir etwas an Wert verloren zu haben.
Anhand dieser Geschichte sollen dir zwei Dinge bewusst werden:

I. Gib niemals auf!

II. Nach zwei bis drei Wochen werden neue Tätigkeiten zur alltäglichen Gewohnheit

Deine Komfort-Zone vor der
Erweiterung deiner Fähigkeiten

Deine Komfort-Zone nach der
Erweiterung deiner Fähigkeiten

Du musst dich also nicht wirklich jedes Mal überwinden, sondern bloß die ersten paar Wochen. Von da an geht es von ganz allein! Du hast deine Komfort-Zone erweitert und Neues dazugelernt. Erfolgreiche Manager begeben sich bewusst laufend in Zonen, die außerhalb ihres Komfort-Bereiches liegen. Somit trainieren sie ihre mentale Stärke, intuitiv und schnell richtig entscheiden und handeln zu können. Um einen hohen sozialen Wert zu haben, musst du die **Status-Merkmale** ausstrahlen. Ein hoher Wert geht darüber aber hinaus – wirf hier erneut einen Blick in dein Journal und überlege dir in Hinblick auf deine Zielgruppe, welche Werte diesen Frauen wichtig sind. Was für einen Mann wünschen sie sich? Es gibt einige generelle Attribute, die die meisten Frauen zu schätzen wissen. Hier kannst du ruhigen Gewissens beginnen.

- Humorvoll
- Schutz bieten
- Großer Freundeskreis
- Führen können
- Ehrlich sein
- Für seine Meinung und Taten einstehen
- Emotionale Stärke
- Optimist
- Spontan und abenteuerlustig
- Ein interessanter Mensch sein

Beim letzten Punkt wirst du vielleicht lachen. Ein interessanter Mensch sollst du also sein. Was soll das denn bitte heißen? Es bedeutet ganz einfach: Wenn du ein Langweiler bist, dann beginne endlich, Dinge zu tun, die du schon immer tun wolltest, aber mit irgendwelchen Ausreden nie getan hast. Hier eine sehr, sehr kleine Auswahl der Dinge, die ich tun möchte (und mitunter bereits begonnen habe zu erlernen):

- Tauchreise ans Rote Meer
- Fallschirmspringen im Sonnenuntergang
- Eine Weltreise machen
- Eine Woche in der Wildnis überleben
- Salsa tanzen
- Wasserski fahren
- Surfen auf Biarriz
- Hamlet im Original lesen
- Zwei Monate USA auf einer Chopper

Hast du kein interessantes Leben? Dann schaffe dir eines!

Das Leben gibt uns das,

was wir von ihm verlangen!

Sozialen Wert steigern

Um deinen sozialen Wert zu erhöhen, gibt es mehrere Möglichkeiten. Die beste Lösung ist natürlich, den hohen Wert von Anfang an einfach **auszustrahlen**. Bis du das erreicht hast, wirst du dich aber einiger Methoden bedienen müssen, um erfolgreich zu sein. Wir unterscheiden hier zwei Wege, um einen hohen Wert zu vermitteln:

I. Necken

II. Qualifizieren

Beim Necken geht die Aktion von dir aus, beim Qualifizieren von der Frau. Dies ist insofern wichtig zu bedenken, da es ja auch in gewisser Weise um ein Machtspiel geht, und wer das Gespräch führt und damit mehr Macht hat, besitzt auch den höheren Wert. Da natürlich du den hohen Wert hast, musst du es ihr nun subtil klar machen, dass sie womöglich nicht mit dir mithalten kann. Dieses Spannungsverhältnis, diese Lücke, bedeutet für sie Aufholbedarf – sie muss um dich kämpfen, dein Wert steigt und du wirst von ihr erobert.
Natürlich ist dies nicht mit Statussymbolen und dem „Aufs Auge drücken" zu verwechseln. Gehst du zu einer Frau und sagst „Hey Baby, ich fahre Porsche – bin ich nicht der Beste?", dann wird das mit ziemlicher Sicherheit nichts werden. Lernt ihr euch aber einfach so kennen und sie kommt mit dir mit nach Hause, dort steht dann eben dein Porsche – dann ist das eine subtile Wertsteigerung. Mir geht es jetzt aber nicht darum, jedem erfolglosen Mann zu emp-

fehlen, einen Porsche oder sonst einen Luxuswagen anzuschaffen (das versuchen dir die Hersteller bereits einzureden). Für die Techniken, die ich dir beibringe, brauchst du weder Geld noch viel Hirn, es erfordert nur ein klein wenig Übung, um es auch kongruent rüberzubringen.
Was bedeutet **necken** nun? Hierbei bleibt dein sozialer Wert gleich, während du ihren Wert zuerst durch ein Kompliment hebst, aber sobald sie sich freut, sie ein klein wenig zurückstößt und ihren Wert wieder senkst – damit zeigst du ihr, dass du nicht so einfach zu haben bist. Beachte bitte, dass wir uns hier in einer spannenden, oberflächlichen Unterhaltung befinden, genauer gesagt den ersten fünf bis zehn Minuten. Die Art, wie du mit ihr umgehst, ist spielerisch und humorvoll. Du bist selbstsicher und sie soll sich nie ganz sicher sein, ob du alles ernst meinst, was du sagst – wichtig ist aber, dass ihr über Dinge sprecht, die sie interessieren. Nun kannst du sie necken:

Du: „Hey, wie groß bist du eigentlich?"
Sie: „Ich bin 1,75!"
Du: „Gut – ich mag große Frauen."
Jetzt hältst du kurz inne…
Du: „Moment mal, die Schuhe haben aber 20cm Absätze, oder?"
Jetzt wird sie beginnen sich zu rechtfertigen (qualifizieren) – dadurch versucht sie ihren Wert an den deinen anzugleichen!

Necken:

Du: „Hey, du hast schöne Fingernägel!“
Sie: „Danke!“
Du: „Die sind aber nicht echt, oder?“

Du: „Du hast tolle lange Haare!“
Sie: „Danke!“
Du: „Das sind aber Extensions, oder?“

Kürzere Versionen:

- „Deine Nase wackelt, wenn du lachst!“
- „Du hast da was zwischen den Haaren! Sind das Schuppen?“
- „Schwitzt du immer so viel?“
- „Du hast ja ganz nasse Hände!“
- „Du hast tolle Zähne! Sind die aufgehellt?“

Beachte bitte, dass wie gesagt dein Wert gleich bleibt, ihrer aber von dir nach unten gedrückt wird. Dies ist mitunter ein negatives Gefühl und nicht zu empfehlen! Schränke dich also in deinen Neckereien ein, auch wenn es, ich weiß schon, verdammt lustig ist. Beim **Qualifizieren** hingegen bleibt ihr Wert gleich, du demonstrierst aber einen höheren Wert – nun hat sie erneut Aufholbedarf, fühlt sich dabei aber nicht schlecht, sondern im Gegenteil gut, denn sobald sie dir etwas erzählt, dem du zustimmst, hat sie ihr Ziel erreicht und es geschafft, dir zu gefallen. Und für dich ist es auch spannender, da du ja nicht nur mit Menschen zu tun haben willst, die weniger zu bieten haben als du selbst, nicht wahr?

Qualifizieren im Gespräch:

Du: „Ich mag große Frauen, (Pause) - wie groß bist du eigentlich?"

Du: „Ich liebe Menschen, die gerne reisen. Ich könnte mir nie vorstellen, nicht mindestens zwei Wochen im Jahr zu verreisen! Du bist aber kein Stubenhocker, oder?"

Du: „Ich unterhalte mich nur mit Frauen, die mehr zu bieten haben als ihr gutes Aussehen. Schönheit ist heutzutage etwas sehr Gewöhnliches geworden. Was hast du zu bieten?"

Du kannst auf diese Art immer mehr Werte einbauen, die dir wichtig sind. Am besten schreibst du jetzt gleich deine **eigene Liste an Wert erhöhenden Fragestellungen**, die sich auf deine Zielgruppe beziehen. Schlage dazu im Journal nach und erinnere dich noch einmal zurück, was dir besonders wichtig an Frauen ist. Diese Punkte schreibst du nun wie in den Beispielen oben um und setzt an das Ende des Satzes ein „und wie steht es mit dir?"

Beispiel für deine Zielgruppe:
Ich will abenteuerlustige Frauen.

Beispiel für die Aussage beim Qualifizieren:
Du: „Weißt du, ich verstehe mich mit abenteuerlustigen Menschen einfach besser. Mit ihnen verbindet mich viel mehr als mit irgendwelchen Langweilern. Du bist aber keine Couch-Potato, oder?“

Sie soll sich ständig fragen:

„Bin ich gut genug für ihn?“

Spannend erzählen

Ein weiterer Weg, um deinen sozialen Wert zu steigern oder überhaupt erst zu zeigen, ist, ihr eine Geschichte von dir zu erzählen. Du erinnerst dich bestimmt daran, dass ich dir geraten habe, möglichst in der Position des Fragenden zu bleiben, um das Gespräch *führen* zu können. Sollte es aber einschlafen, weil dir die Themen ausgehen oder einfach zu einem späteren Zeitpunkt die Frau mehr von dir wissen will, dann solltest du ihr möglichst spannend Geschichten erzählen, die ihr jene Werte aufzeigen, die sie sucht. Du hast dir bereits Gedanken gemacht, was du an Werten portieren willst und nun ist es an der Zeit, eben diese in Geschichten zu verpacken. Ich empfehle dir zwei bis drei kurze Stories zu deinem Repertoire zu zählen, die jede für sich zwischen zwei bis zehn Minuten Zeit in Anspruch nehmen. Bedenke dabei, dass du sie mit möglichst allgemeinen Überleitungen eröffnen kannst, um zu gewährleisten, dass du deine Geschichten jederzeit einsetzen kannst. Zum Beispiel leite ich viele meiner Geschichten sehr banal ab.

> „Mir ist aufgefallen, dass du Stiefel/High Heels/Sneaker trägst. Das erinnert mich an eine wirklich, wirklich witzige Geschichte von einer guten Freundin von mir, die eine Zeit lang für eben diese Art von Schuhen gemodelt hat…"

Ich will damit verdeutlichen, dass du diese Geschichte, in der es nun um Gott und die Welt gehen kann, sich von ihren Schuhen ableiten lässt. Zeige mir eine Frau, die keine Schuhe trägt. Du siehst, du kannst diese Geschichte immer einsetzen. Weitere allgegenwärtige Überleitungen sind zum Beispiel:

- Kleidung
- Accessoires
- Ein spezieller Blick, der dir gerade auffällt
- Leute in der Umgebung, die dich an jemanden erinnern
- Stereotype im Gespräch

Was ich dir nicht empfehle, ist, erfundene Geschichten zu erzählen. Wenn du nur etwas Zeit investierst, erinnerst du dich bestimmt an viele Geschichten aus deinem eigenen Leben, in die du die gesuchten Werte einbauen kannst. Wichtig ist, dass du authentisch rüberkommst. Je spannender du erzählst, je ausmalender dein Sprachgebrauch und je intensiver das Erlebnis von dir gestaltet wird, desto stärker wird sie sich zu dir hingezogen fühlen. Du musst sie **in deine Welt hineinsaugen! Erzähle mit Begeisterung -** das erzeugt Anziehungskraft.

Um ein weiteres **dramaturgisches Element** in deine Erzählweise hinzuzufügen, empfehle ich dir das **abrupte Übergehen von einer Geschichte auf die nächste, ohne die vorherige zu beenden.** Damit baust du einen Spannungsbogen auf – einerseits will sie wissen, wie die vorherige Geschichte ausgeht, andererseits ist die jetzige ebenso spannend und sie will auch diese kennen.

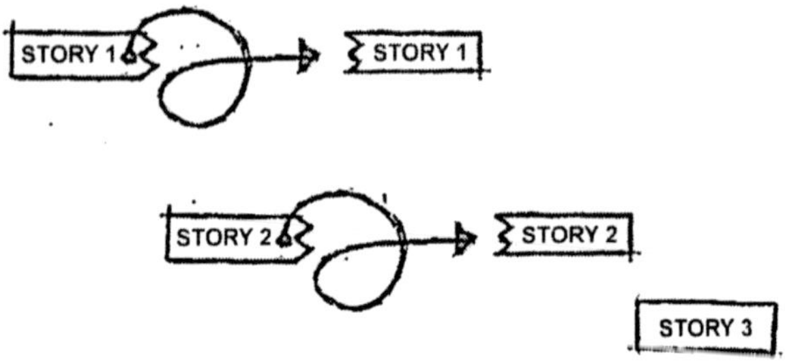

Später kannst du dann wieder auf die erste Geschichte überleiten und sie zu Ende führen. Du erzeugst damit eine Art Vakuum im Gespräch, das sie in deinen Bann zieht und ihren Fokus auf das Gespräch bindet. So wechselst du beispielsweise an einem Punkt von Geschichte 1, wo es besonders spannend ist, über auf Geschichte 2 mit dem Satz **„... da fällt mir gerade ein,...“.** Nun befindest du dich schon in einer ganz anderen Geschichte und der Übergang ist fließend.

Nimm dir ebenso an bekannten Schauspielern ein Beispiel, wähle aber mit Bedacht und wenn möglich jene in deiner Muttersprache. Vergiss nicht, dass in deinen Geschichten möglichst viele der Werte, die der Frau wichtig sind, bereits enthalten sind. Meisterverführer schaffen es sogar, ad hoc die richtigen Werte in bereits bestehende Geschichten einzubauen, um einen noch stärkeren Eindruck zu hinterlassen. Dafür musst du aber bereits im Vorfeld wissen, welche Werte ihr wichtig sind. Dies wiederum erfährst du natürlich nur vor deiner Geschichte, hake also immer an den Stellen nach, die sie im Gespräch besonders zu begeistern scheinen.

Schlussendlich sollte es dir ja

auch darum gehen,

den Menschen ehrlich kennen lernen zu wollen.

Attraction
is not a choice

David DeAngelo

Energiegeladene Themen

Ob nun du oder sie erzählt, ist in diesem Fall egal, solange das Thema energiegeladen ist. Das bedeutet für dich: Halte dich an die Themen, die sie interessieren – und zwar so sehr, dass man es ihr ansieht. Beachte dabei natürlich, dass nicht jedes energiegeladene Thema für sie angenehm sein muss und kalibriere dementsprechend.

Du verstärkst mit Hilfe spannender Themen die Anziehungskraft und ihr Interesse an dir wird immer weiter steigen. Diese Themen eignen sich besonders gut für den Small Talk, um stille Momente zu umschiffen und Langeweile vorzubeugen. Ebenso dienen sie als unterhaltsamer Ersatz für das absolut zu vermeidende „Verhör“, das viele Männer gerne durchziehen.

Anstatt sie also mit langweiligen 08/15 Fragen zu löchern, wirst du ihre Werte anhand spannender Themen herausfiltern. Durch die Stimmung, die dabei entsteht, erzeugst du zusätzlich eine **spontane Atmosphäre**, du musst es dir so vorstellen, als würde die **Luft zwischen euch elektrisch aufgeladen** werden. Du unterstreichst diesen Eindruck durch die Erzählweise, mit der du von deinen Erlebnissen berichtest.

Besonders im Club ist es wichtig, Frauen mit einer hohen Einstiegsenergie anzusprechen, um deinen höheren sozialen Wert zu vermitteln – das weißt du bereits.

Energiegeladene Themen:

- Abenteuerliche Erfahrungen im Urlaub
- Überraschungen, die dir gemacht wurden
- Spannende Erlebnisse mit plötzlichen Wendungen

Generelle Themenwahl:

- Entdeckungen
- Wunder
- Glücklichkeit
- Stolz
- Mysteriöses
- Überraschungen
- Vergnügen
- Genuss
- Begierde

Körperkontakt aufbauen

Der Körperkontakt sollte schon während des Ansprechens hergestellt werden. Berühre sie dazu leicht an der Außenseite des Oberarms (zwischen Bizeps und Schulter) und sprich deinen ersten Satz, lass aber ab, sobald du zu Ende gesprochen hast. Du sollst das Gefühl entwickeln, eine Art **Vakuum** zwischen euch zu erzeugen, **das sie bemüht sein soll zu füllen**, indem sie sich zu dir lehnt und dir antwortet. Im Idealfall wird sie den Körperkontakt unbewusst erwidern. Du solltest dieses Kapitel unter folgendem Leitsatz sehen:

Körperkontakt kontinuierlich steigern!

Warum ich das betone? Weil viele zu schnell zu viel Körperkontakt aufzubauen versuchen und die Frauen damit „überlasten" beziehungsweise verschrecken. Ich selbst möchte auch nicht, dass jede x-beliebige Frau auf der Straße über mich herfällt. Auch wenn der Gedanke zugegebenermaßen zu interessanten Erlebnissen führen würde. Vergiss aber nicht, dass wir in der Kunst der Verführung den Zufall generieren und das **möglichst kalibriert und kongruent**. Wirst du also zu viel körperliche Nähe suchen (besonders wenn du sie unter Tags ansprichst), dann wird sie höchstwahrscheinlich versuchen, so schnell wie möglich wieder weiterzugehen. Gehe es deshalb ruhig an und **lass ihr Zeit!** Wenn ihr euch schon länger unterhalten habt, wird der kontinuierliche Körperkontakt etwas vollkommen Natürliches darstellen, im Moment kennt ihr euch jedoch noch nicht gut genug dafür. Achte dennoch darauf, sie immer wieder an Oberarmen, Schulter, Rücken und den Händen zu berühren, das aber **auf eine natürliche Art** und Weise und nicht übersteigert – das fühlt sich außerordentlich unangenehm an und ist sehr kontraproduktiv für gelungene Kommunikation.

Wenn du bemerkst, dass zwischen euch eine Verbindung entsteht, dann behandle sie nonverbal **so, wie du deine langjährige Freundin behandeln würdest**. Ganz natürlich, völlig selbstverständlich und sehr vereinnahmend. Unterstreiche dein Verhalten wenn möglich verbal mit Fragestellungen, bei denen sie sich **qualifizieren** muss.

Phasen 2-3:

- Außenseite der Arme, Oberarme
- An Hüfte umfassen
- Flache Hand im Kreuz (und sie so führen)
- Ihre Hand nehmen und sie im Kreis drehen

Phasen 4-6:

- Haare beiseite streichen
- Hände halten
- Innenseite der Arme, Unterarme
- Über Schenkel streichen

Signale hervorrufen

Ein Lächeln ist das beste Signal. Es ist die Einladung, sie anzusprechen. Du bekommst es, indem du **zuerst** lächelst – das weißt du bereits aus der Praxis! Ebenso verhält es sich mit fast allen anderen nonverbalen Signalen. Als Mann liegt es an dir, den ersten Schritt zu tun. Dann wird die Frau meistens nachziehen, vorausgesetzt sie fühlt sich in deiner Gegenwart wohl (was soviel bedeutet wie: du kalibrierst richtig). Mit den Signalen verhält es sich letzten Endes so, wie mit der Sprache. Erzähle ich dir von meinem letzten Sommerurlaub und male dir die Geschichte so gut aus, dass du die Eindrücke bildlich vor dir siehst, die Luft riechst und die Umgebung hörst, ja vielleicht spürst du jetzt sogar schon die warmen Sonnenstrahlen, wie sie auf deiner Nase kitzeln… dann erzähle ich nicht einfach. Ich erzeuge Emotionen in dir, die auf Erinnerungen basieren, die du selbst gesammelt hast. Dies verdanken wir den Spiegelneuronen, die uns fühlen lassen, was andere fühlen (mein Buchtipp zu dem Thema lautet „Wieso ich fühle, was du fühlst“ von Joachim Bauer). So wie es gute Erzähler schaffen, dass ihre Zuhörer die Geschichte nachempfinden, so kannst auch du durch nonverbale Aktionen sie dazu bringen, diese Aktionen unbewusst zu imitieren und dadurch die Emotion zu verspüren. Dazu gehört natürlich etwas Übung und Menschenkenntnis, aber mit der Zeit wird es ganz intuitiv ablaufen. Verlasse dich dabei einfach auf deinen Instinkt und lies bei Interesse ein Buch über NLP (Neurolinguistische Programmierung). Wir beschränken uns hierbei auf Flirt-Signale, die Frauen normalerweise unbewusst bei Interesse am

Mann senden. Indem du sie dazu bringst, die Tätigkeiten, die sie beim Senden des Signals durchführt, schon jetzt durchzuführen, entsteht bei ihr unbewusst der Eindruck der Anziehungskraft und durch die nonverbale Aktion entsteht dadurch eine erlebte Emotion – sie verbindet dich mit den Erfahrungen, die sie normalerweise in solch einer Situation macht, meistens eben dem Beginn des Verliebens. Um mehr in die **Praxis** zu gehen, hier die Schritte als **Schema**:

1. Du setzt die Tätigkeit
2. Sie imitiert die Tätigkeit
3. Sie fühlt unbewusst die Emotion

Natürlich ist das keine Zauberei und diese Technik sollte nur als Unterstützung zum sonstigen Gesprächsverlauf gesehen werden. Auf jeden Fall kannst du dadurch aber überprüfen, ob sie sich auch nonverbal mit dir versteht, ihr quasi „auf einer Wellenlänge seid", denn dieses Phänomen kannst du auch bei guten Freunden beobachten. Sie gehen auf der Straße automatisch im Gleichschritt, sobald der eine im Café das Glas zum Mund führt tut es ihm der andere unbewusst gleich. Dieses Wirken machst du dir nun zu Nutze, um die Signale bei ihr hervorzurufen. Solche **Signale** sind unter anderem:

- Streichen durch die Haare
- Kleidung glatt streichen
- Die Brust nach oben drücken
- Einmal entspannt und kräftig ausatmen

Rollenspiele

Eine sehr effektive Möglichkeit, sehr schnell eine intime Bindung mit einer unbekannten Frau aufzubauen bietet das Rollenspiel. Dabei schlüpft ihr beide in eine möglichst enge, fiktive Beziehung zueinander die es dir ermöglicht, sie effektiv zu verführen. Meist entstehen solche Rollenspiele aus der Situationsdynamik heraus, du kannst aber genau so gut direkt mit einem Rollenspiel das Gespräch eröffnen. Der Vorteil, wenn du erst nach kurzem Small Talk in ein Rollenspiel wechselst liegt auf der Hand: Nicht jeder ist dafür geschaffen. Du solltest dir also zuerst einen Eindruck von der Frau machen, bevor du diese Technik anwendest. Wenn sie nicht der richtige Typ dafür ist macht das gar nichts. Ebenso solltest du dir nicht allzu viele Gedankten machen, wenn dir diese Spielchen nicht zusagen. Es ist vielmehr ein „Bonus" als eine Voraussetzung für erfolgreiche Verführung. Ziel eines jeden Rollenspieles sollte dabei die enge Beziehung euer beider Rollen zueinander sein. Wichtig ist natürlich, dass sie bereits das Gefühl hat, dir vertrauen zu können. Dies wird durch Rollenspiele meist verstärkt. Einleiten kannst du Rollenspiele sehr simpel, indem du einfach vom einen Moment auf den anderen in deine Rolle wechselst und daraus die Geschichte weiter spinnst.

Themen für Rollenspiele:

- Ein Liebespaar auf der Flucht
- Die erste Nacht der Flitterwochen
- Heirat (dein Freund spielt den Priester)

Lokalitätswechsel I

Eine besonders wirkungsvolle Technik, um eine „**gemeinsame Welt**" zu erschaffen, ist es, sich **möglichst viel gemeinsam zu bewegen**. Im Club führst du sie an der Hand durch den Raum, zum Beispiel von der Bar zur Tanzfläche, zurück zur Bar, zur Chill-Out Area, dann wieder zur Tanzfläche, durch den Club, um Freunde zu suchen und so weiter. Auf der Straße kannst du mit ihr in andere Geschäfte schauen oder gleich einen Café trinken gehen. Bevor sie jedoch bereit sein wird, sofort mit dir „auf ein Date" zu gehen, sollte sie sich erst daran gewöhnen, mit dir von Ort A zu Ort B zu bewegen. Wir unterscheiden hier zwischen zwei Varianten, wobei die erste den „kleinen" und die zweite den „großen" Lokalitätswechsel darstellt. Und da die ersten Schritte die kleinen sind, beginnen wir auch hier sehr moderat. Unter einem Vorwand bringst du sie dazu, sich ein paar Schritte mit dir auf die Seite zu stellen. Damit erhöhst du ihre Konzentration auf dich, anstatt sie nur aus dem aktuellen Denkprozess zu reißen. Auf der **Straße** kannst du so zum Beispiel nach den ersten zwei Minuten sagen: „Hey, hier gehen so viele Leute durch und wir stehen bloß im Weg. Stellen wir uns ein paar Meter weiter rüber!" Und dann gehst du auch schon los - sie wird dir automatisch folgen. Genauso einfach ist es im **Club**, wo du plötzlich Durst bekommst und dir ein Soda an der Bar bestellst. Bist du mit ihr bereits an der Bar, dann wurdest du schon öfters angerempelt und möchtest dich wieder ein paar Meter weiter abseits hinstellen.

Überleitungen zum Lokalitätswechsel I:

Straße:

- Hier stehen wir mitten in der Sonne, gehen wir ein paar Schritte rüber in den Schatten!
- Wir stehen hier ja mitten im Weg, lass uns kurz zur Seite gehen!

Club:

- Ich hole mir etwas zu trinken, komm kurz mit!
- Hier drängen sich so viele Leute durch, komm mit dort rüber, da ist nicht ganz so viel los!

Meine Überleitungen:

Hier sollst du Platz finden, eigene Überleitungen für den Lokalitätswechsel aufzuschreiben. Diese solltest du auch in dein Journal eintragen!

Club: ______________________________

____

Straße: ______________________________

____

Phase 4: Verbindung schaffen

Diese Phase stellt den Knackpunkt im Gesprächsverlauf dar. Sie verbindet den Small Talk mit den persönlichen, emotionalen Themen und leitet in den Rapport über. Rapport ist das gegenseitige Verständnis und Vertrauen, das sich Menschen entgegenbringen, die eine tiefe Bindung zueinander empfinden, sei dies nun rein geistiger oder auch körperlicher Natur. Du musst deshalb stets darauf achten, nicht in die „Lass uns einfach Freunde sein" Schiene abzurutschen, sondern besonders wenn du den Rahmen bis jetzt eher indirekt gehalten hast und sie noch nicht explizit weiß, dass du auch sexuelles Interesse an ihr hegst, dann solltest du ihr verbal oder nonverbal möglichst bald klar machen, dass sich diese Unterhaltung zu mehr als nur einer netten Bekanntschaft zwischendurch entwickeln wird. Du tust dies, indem du zuerst ihre positiven, persönlichen Werte suchst, selektierst und dann über eben diese eine tiefe Verbindung zu ihr herstellst – auf emotionaler Ebene! Je länger du dich mit ihr unterhältst, desto unwichtiger wird, was du inhaltlich mit ihr besprichst. Achte deshalb auch in den Phasen vier bis fünf besonders auf deine und auch ihre Körpersprache – gleicht sie sich deiner an? Dann ist das ein Zeichen dafür, dass sie sich dir nahe fühlt. Du kannst den Körperkontakt ausbauen und die Themen auf einer emotionaleren Ebene weiterführen.

Komfort-Lokalitäten

Die **Wichtigkeit** der Komfort-Lokalitäten **ist nicht zu unterschätzen**. Spätestens dann, wenn du einen Lokalitätswechsel II vorschlagen wirst, solltest du dich zu einer Komfort Umgebung bewegen, um dort ungestört Rapport aufbauen, persönliche und emotionale Themen besprechen und den Körperkontakt weiter (bis hin zur Eskalation) ausbauen zu können. Komfort-Bereiche unterscheiden sich von Nicht-Komfort-Bereichen durch viele verschiedene Faktoren, grundsätzlich gilt dabei die Faustregel:

Komfort-Bereich = ruhiger Ort

Nicht-Komfort-Bereich = unruhiger Ort

Hier einige Beispiele **für Nicht-Komfort-Bereiche:**

- Im Club:
  - Eingangsbereich
  - Tanzfläche
  - Vor dem WC
  - Bereiche mit hoher Fluktuation
- Auf der Straße:
  - Mitten in der Fußgängerzone
  - Vor Eingängen zu Geschäften
  - In Warteschlangen
  - Bereiche mit hoher Fluktuation

Und nun ebenso **Beispiele für Komfort-Bereiche:**

- Im Club:
  - Chill-Out Bereich
  - Abgedunkelte Ecken
  - Couch-Sitze
  - Ruhigere Bereiche

- Auf der Straße:
  - Parks
  - Sitzbänke etwas abseits
  - Ruhige Bereiche
  - Abgegrenzte Straßencafés

Auf der Straße ist es viel einfacher, Komfort-Lokalitäten zu finden, da ja auch der Energielevel selbst niedriger ist. Im Club dagegen ist es oft schwierig, ruhige Bereiche zu finden. Dafür bieten **Chill-Out-Areas** gute Bedingungen um sich schneller nahe zu kommen, da die hohe Lautstärke das „Flüstern ins Ohr“ oft unumgänglich macht. Dabei wird **schneller Körperkontakt aufgebaut** und der Rapport reibungsloser vertieft. **Auf der Straße** sollte hingegen darauf geachtet werden, es **eher ruhig anzugehen** und nichts zu überstürzen. Achte hier mehr auf ihre Körpersprache und die Signale, die sie sendet. Kalibrierung siegt in beiden Fällen!

Besonders interessant ist statt eines Wechsels der Lokalität in einen Komfort-Bereich der **Wechsel in einen anderen Club** beziehungsweise in eine andere Lokalität ähnlicher Art. Denn der Weg, den du mit der Frau zurücklegst, trägt wiederum zu dem Aufbau von Vertrauen bei. Wie schon oben erwähnt, **gewöhnt sie sich dabei daran, mit dir gemeinsam „auf ein Date" zu gehen**. Dieses auch als „Club-Hopping" bekannte Phänomen erfreut sich heutzutage besonders in großen Städten großer Beliebtheit und ist, vorausgesetzt die Logistik gestattet es, sehr zu empfehlen. Auf dem Weg zur nächsten Lokalität, besonders bei wärmeren Temperaturen, entsteht ein besonderes Urlaubsgefühl, das durch passende Themenwahl möglichst zu verstärken ist.

Sobald du mit ihr in einer Komfort-Lokalität ankommst, und ihr euch setzt, dann achte darauf, dass ihr möglichst nicht gegenüber sitzt und im schlimmsten Fall auch noch ein Tisch zwischen euch ist. Dadurch verhinderst du jeden möglichen Körperkontakt und so spannend das Gespräch auch sein mag, du wirst sie nicht küssen, solange ihr so dasitzt. Deshalb ist es sehr wichtig, dass du die Frau beim Lokalitätswechsel **führst**. Leite zum Wechsel ein, nimm sie dann einfach an der Hand und sag: **„Komm mit!"**. Du musst sie natürlich nicht an der Hand nehmen - wenn sie dir nicht folgt, dann dreh dich um und ruf: „Also, kommst du jetzt?" und gehe dabei davon aus, dass es schon beschlossene Sache ist. **Du darfst auf keinen Fall zu ihr zurückgehen – sie muss zu dir kommen!**

Wenn ihr also in einem Café sitzt, dann setzt du dich in den Stuhl neben sie. Auf einer Eckcouch sitzt du ebenfalls neben ihr. **Suche dir den Platz aus, von dem du dir sicher sein kannst, dass du langsam den Körperkontakt ausbauen kannst.**

Ist es nicht anders möglich und du kannst dich nicht neben sie setzen, dann setzt du dich auf jeden Fall mit dem Rücken zur Wand. Dies hat evolutionäre Gründe. Der Mensch ist darauf programmiert, Bewegungen wahrzunehmen. Jede Bewegung, die wir bemerken, lenkt unsere Aufmerksamkeit für einen Sekundenbruchteil auf sich. Stell dir nur einmal vor, sie würde mit dir im Club sitzen und alle paar Sekunden mit den Gedanken abschweifen – so ein persönliches Gespräch zu führen ist sehr schwer oder sogar unmöglich. Deshalb sitzt du mit dem Rücken zur Wand, sodass sie nur dich sieht und dahinter keine Ablenkung stattfindet. Du selbst konzentrierst dich ja schon genug auf ihre Körpersprache, was sie sagt und welche Werte sie hat. Lasse ihr also auch die Möglichkeit, sich ganz auf dich zu konzentrieren!

Ist es dir nicht möglich, schon jetzt neben ihr zu sitzen, dann setz dich später neben sie. Benütze dazu wenn nötig einen Vorwand, zum Beispiel neckst du sie mit ihren Fingernägeln oder der Frisur, die schlecht sitzt und rückst näher, um es genau zu betrachten. Einmal neben ihr kannst du gleich dort sitzen bleiben.

Persönliche Themen

Um eine stärkere Bindung zwischen euch herzustellen, ist es natürlich empfehlenswert, Themen zu wählen, die für dein Gegenüber von Bedeutung sind. Damit wird nicht nur das Gespräch für sie interessanter, sondern solange sie über positive Erfahrungen erzählt, verbindet sie dieses angenehme Gefühl automatisch mit dir. **Je persönlicher das Gespräch wird, desto vertrauter fühlt sie sich** in deiner Gegenwart. Achte aufmerksam auf ihre Geschichten, vergiss aber nicht, immer wieder die Körpersprache zu interpretieren. Wendet sie sich dir offen zu? Dann fühlt sie sich auch unbewusst wohl. Du kannst nun langsam näher rücken, vermeide aber noch zu forsches Vorgehen, um sie nicht abzulenken. Aktuell soll sie dir nur weiter von sich erzählen. Während sie das tut, **suchst du nach den zu Grunde liegenden Emotionen in ihrer Geschichte**. So wie du selbst in deinen Geschichten möglichst viele Werte portieren willst, die ihr wichtig sind, so portiert auch ihre Geschichte besondere Werte. Wenn diese emotional sind, dann gehe ruhig weiter darauf ein. Ein weiterer wichtiger Ansatz unterstützt deine Einstellung, dass sie sich qualifizieren muss. Hake deshalb auch bei persönlichen Themen weiter nach, wenn sie einen Punkt streift, der dir selbst am Herzen liegt. Du willst schließlich herausfinden, ob sie der Mensch ist, mit dem du dir mehr vorstellen könntest. Das darf sie ruhig spüren!

Beispiele für persönliche Themen:

- Kindheit
- Frühere Beziehungen
- Emotionale Erlebnisse
- **möglichst positiv!**

Checkliste für persönliche Themen:

- Womit verbindet sie persönlich einen **emotionalen Wert**?
- Baue **Vertrauen** auf
- Erhöhe den **Körperkontakt**
- Höre ihr zu
- Geh auf ihre Geschichte ein
- Du willst wissen, wer sie ist - sie muss sich **qualifizieren**!

Körpersprache lesen

Du kennst den Inhalt dieses Kapitels nur zu gut. Du kennst ihn von Handlesern, Wahrsagern, Tarotkarten. Das Prinzip ist meist dasselbe: Jemand stellt dir Fragen, die als Aussage verpackt sind. Je nachdem, wie du reagierst, erkennt die Person, ob sie richtig liegt und geht weiter ins Detail. Deshalb wird auch meist bei allgemein gültigen Aussagen begonnen, die auf beinahe jeden Menschen zutreffen. Die großen **Konstanten sind hier meist** Liebe, Geld, Gesundheit, Freunde und Familie. Diese Techniken kannst du selbst gezielt einsetzen, um den Rapport, also die Verbindung zwischen der Frau und dir, zu verstärken. Sie soll sich dabei fühlen, **als könntest du ihre Gedanken lesen**. Die einfachste und effektivste Variante ist zum Beispiel diese: Ihr sitzt womöglich gerade in einem Café, als ein Mann vorbeigeht – aus irgendeinem Grund sieht sie diesem Mann nach und rümpft die Nase. Du kannst in ihrer Mimik ablesen, dass sie sich etwas Spezielles dazu denkt. Jetzt sagst du ganz einfach mit einem Lächeln: **„Das habe ich mir auch gerade gedacht!"**
Der Effekt ist verblüffend, du solltest es mit solchen Spielereien aber **nicht übertreiben**. Mit etwas mehr Übung kannst du natürlich auch deine Werte aufzeigen, während du sie beschreibst. Du benutzt hierbei **allgemein gültige Aussagen, die jeder Mensch als positiv ansieht** und sprichst so davon, als ob sie all das verkörpern würde. Die meisten Menschen denken natürlich nicht sehr schlecht über sich, weshalb sie dir fast immer zustimmen wird. Indirekt wird ihr aber bewusst, dass dies deine Erwartungen an eine

Frau sind, denen sie gerecht werden sollte – **sie qualifiziert sich unbewusst** bereits wieder!

Allgemein gültige Aussagen:

- Du bist gerne unter Menschen
- Kreativ
- Hast Humor
- Leidenschaftlich
- Bist keine „Tussi"
- „Das habe ich mir auch gerade gedacht…"

Du gibst ihr den **Eindruck, ihr würdet euch bereits ewig kennen!** Wenn sie diesen Satz zu dir sagt, dann weißt du, dass sie sich dir außerordentlich verbunden fühlt. Doch gehe damit vorsichtig um, denn es kann dir passieren, dass sie daraufhin denkt, ihr wäret **Seelenverwandte** – sei dir also deiner Verantwortung bewusst, wenn du diese Technik vermehrt einsetzt.

Lokalitätswechsel II

Der Lokalitätswechsel II ist so wie der erste ein Vorwand, um mit ihr eine Komfort-Lokalität aufzusuchen. Dort baust du im Rapport eine emotionale Bindung auf und verstärkst den Körperkontakt. Dein Ziel sollte es also immer sein, **bereits nach zehn bis fünfzehn Minuten** den Ortswechsel zu initiieren. Hierfür musst du sie gegebenenfalls von ihren Freundinnen isolieren. Tritt deshalb gerade hier sehr selbstbewusst auf und gehe davon aus, dass es bereits beschlossene Sache ist, dass sie mit dir mitkommt. Du setzt den **Lokalitätswechsel dann** ein, **wenn das Thema gerade auf eine persönlichere Ebene wechselt**. Dies ist der perfekte Moment! Du kannst nun als Vorwand bringen, dass es hier zu laut ist, um sich über so ein Thema zu unterhalten, oder dass dir zu viele Leute in der Umgebung herumstehen. Es genügt auch vollkommen einfach zu sagen: „Dies ist nicht der richtige Ort, um so ein Thema zu besprechen. Komm mit!"

Überleitungen:

- „Hier ist es zu laut, um sich darüber zu unterhalten, komm mit!"
- „Hier sind zu viele Menschen für so etwas Persönliches. Komm mit!"
- „Das ist nicht der richtige Platz für so eine Unterhaltung. Komm mit!"

Jetzt nimm sie an der Hand und führe sie (zum Beispiel durch den Club) zur Komfort-Lokalität.

Achte dabei darauf, dass sie bereits im Vorfeld gewöhnt sein sollte, sich mit dir zu bewegen! Setze mindestens einmal den Lokalitätswechsel I ein, um sicherzugehen.

- Bewege dich möglichst viel mit ihr („auf ein Date gehen")
- Setze dich bei Tischen nie gegenüber, wir wollen den Körperkontakt ausbauen, nicht verhindern!
- Am besten nebeneinander sitzen
- Wenn noch nicht möglich, dann später zu ihr setzen
- Du sitzt mit dem Rücken zur Wand (ihr Fokus bleibt auf dich gerichtet)

Wenn sie sich in einer Gruppe befindet, ist dies der Moment, um sie ebenfalls vom Rest ihrer Freunde zu **isolieren**. Du solltest, um im Vorfeld sicher gehen zu können, dass es auch für alle in Ordnung ist, dass sie mit dir mitkommt, kurz zur Gruppe sagen:

> „Hey Leute, ihr seht ja – wir zwei sind uns recht sympathisch. Da ihr schon große Mädchen seid habt ihr sicherlich nichts dagegen, wenn wir zwei uns für ein paar Minuten dort rüber setzen, oder?"

Vakuum erzeugen

Ein Vakuum zu erzeugen bedeutet, zwischen dir und der Frau eine Art Spannung aufzubauen. Du kannst es dir so vorstellen, dass du den Raum zwischen euch zuerst ausfüllst, indem du dich beispielsweise hineinlehnst (was du sonst eher vermeiden solltest!), sobald du ihr etwas ins Ohr geflüstert hast aber wieder weit hinauslehnst. Nun ist eine Art Leere im Raum, die sie füllen muss. Dazu kommt noch, dass sie dir eine Antwort schuldet – sie ist unter **Zugzwang** und **muss sich jetzt zu dir lehnen**. Damit steuerst du ihre Körpersprache und je öfter sie sich zu dir lehnt, desto eher entspricht das dem Flirt-Signal von regem Interesse an deiner Person.

Dies ist besonders während der **Anfangsphasen** wichtig, denn dadurch kannst du die **Spannung zwischen euch erhöhen**. Indem du dich zuerst zu ihr lehnst (zum Beispiel weil es im Club laut ist und ihr euch direkt ins Ohr sprechen müsst beziehungsweise später, wenn ihr schon zu zweit in einer Komfort-Lokalität sitzt und du ihr etwas Persönliches zuflüsterst), sie dabei wenn möglich noch berührst (Körperkontakt ausbaust) und dann aber wieder ruckartig zurückgehst, entsteht eben diese "Leere" zwischen euch.

Indem du nicht bei ihr vorgelehnt bleibst, sondern zurückgehst, zeigst du ebenfalls deine **Bereitschaft zu gehen**, was sehr wichtig ist. Es trägt zu den gesamten Status-Merkmalen bei, dass sie sich um dich bemühen (qualifizieren) muss. Würdest du vorgelehnt bleiben, würde dies aber unterwürfige Körperhaltung und niedrigeren sozialen Wert vermitteln. Durch das Vakuum zwingst du sie nun dazu, eben das zu tun, was wiederum dir den **höheren sozialen Wert** gibt.

Du kannst diese Technik sehr effektvoll testen, indem du dich mit dem Rücken zur Wand oder an eine Bar lehnst und sie etwas kleiner ist als du. Wenn sie sich mitunter auf die Zehenspitzen stellen muss, um mit dir zu sprechen, funktioniert das natürlich noch viel besser. Denn jedes Mal, wenn sie sich wieder zu dir hinlehnen muss, weichst du zusätzlich noch ein kleines Stück zurück. Mit jeder Antwort lehnt sie sich immer weiter zu dir hin, bis sie natürlich beim zweiten oder dritten Mal das Gleichgewicht verliert und auf dich kippt. Nun kannst du sie necken und mit einem Grinsen im Gesicht sagen: „Moment mal, so gut kennen wir uns aber noch nicht! Du bist vielleicht eine Stürmische…“

- Vermeide ein Hinlehnen deinerseits
- Forciere jedoch ein Hineinlehnen ihrerseits

Gemeinsame Zukunft schaffen

Um besonders in dieser Phase die Verbindung zwischen euch weiter zu verstärken empfiehlt es sich in ihrem Weltbild fest zu verankern, dass die Beziehung zu dir von Dauer sein wird. Dies erfordert ein gewisses Maß an Vertrauen zu dir und ihr müsst bereits über sehr Persönliches, wie zum Beispiel ihre Familie, sprechen. Nun kannst du beginnen, dich einzubauen. Beginne deine Sätze hier mit Einleitungen wie:

- „Stell dir vor,…"
- „Was wäre, wenn…"
- „Kannst du dir ausmalen,…"

Um dich in ihre Zukunft einzubauen kannst du dich direkt auf sie beziehen oder auf Menschen in ihrem Umfeld. Besonders gut eignen sich dafür enge Freunde oder ihre Familie. Das führt dich zu Aussagen, wie zum Beispiel:

> Wow, stell dir nur einmal deinen Bruder gemeinsam mit mir vor! Ich wette, wir würden gar nicht mehr aufhören können, über die beste Position des Mittelfeldspielers zu philosophieren! Wir würden uns bestimmt prächtig unterhalten – kannst du dir ausmalen, wie schwierig es dir fallen würde, mich aus dem Gespräch heraus zu reißen? Das wäre ein Spaß!

Natürlich ist auch hier die richtige Kalibrierung Voraussetzung für deinen Erfolg, übertreibe es also nicht mit allzu malerischen Zukunftsphantasien.

Phase 5: Verbindung verstärken

Langsam wird es ernst. Du solltest dich spätestens jetzt mit ihr alleine in einer Komfort-Lokalität befinden und bereits den Körperkontakt weiter ausgebaut haben. Fühlt sie sich bei dir wohl? Ausgezeichnet, dann mach weiter wie bisher. Fällt dir an ihrer Körpersprache oder der Art, wie sie auf deine Fragen reagiert, auf, dass sie sich unwohl fühlt, dann lass es etwas ruhiger angehen und bleibe in dieser Phase, bis du dir sicher bist, dass sie es jetzt zulassen wird. Je länger du dich mit ihr in dieser Phase über emotionale, persönliche Themen unterhalten wirst, desto mehr sollte sie sich dir öffnen. Fällt es ihr schwer, über bestimmte Dinge zu sprechen, dann spiel nicht den Therapeuten. Du bist nicht hier, um Frauen zu helfen, ihre Traumata zu überwinden, sondern um mit ihnen eine gute Zeit zu verbringen. Leider sind in der heutigen Zeit aber auch sehr viele Frauen durch negative Erfahrungen mit anderen Männern, die nicht dieses Wissen hatten, das du dir nun aneignest, geprägt. Sei deshalb verständnisvoll und nimm es ihr nicht übel, wenn sie sich noch dagegen wehrt, ihre Gefühle zuzulassen. Als Gentleman ist es deine Pflicht, das zu akzeptieren. Ich sage jetzt zwar nicht, dass du sofort das Gespräch beenden sollst, wenn es nicht ganz so läuft wie du es dir vorstellst – dann wirst du nämlich kaum längere Gespräche führen – aber wenn es dir wirklich zu weit geht, dann bleib höflich und sprich es ruhig an. Wahrscheinlich ist es ihr sogar bewusst und sie qualifiziert sich nur noch mehr, um dir zu gefallen. Frauen mögen Männer, die sie „verstehen".

Die Bereitschaft zu gehen

Sollte das Gespräch einschlafen und dir das Material ausgehen, dann kannst du immer noch einer Abfuhr zuvorkommen und deinen hohen sozialen Wert behalten, indem du mit einem Vorwand **vorzeitig aus dem Gespräch aussteigst**. Im Club kannst du beispielsweise einwenden, dass du wieder zurück zu deinen Freunden musst. Du kannst aber anmerken, dass ihr euch ja etwas später wieder zusammensetzen könnt. Stell es dir als **dramaturgischen Spannungsbogen** vor. Indem du ihr die Bereitschaft zeigst zu gehen, vermittelst du hohen Wert und Unabhängigkeit. Andere Männer würden einfach nur stehen bleiben und mitunter gar nichts mehr sagen. Irgendwann wird sie sich dann von alleine abwenden und dich schlichtweg ignorieren. Das gilt es tunlichst zu vermeiden, denn du bist ein echter Mann!

Du kannst es auch so interpretieren, dass du ihr das Geschenk deiner Anwesenheit kurzzeitig wegnimmst, damit sie inzwischen realisieren kann:

Mit dir macht es

viel mehr Spaß

als ohne dich!

Achte aber auf die **Logistik**, bevor du einfach gehst – du musst dir sicher sein, dass sie noch länger hier ist, sonst verpasst du sie womöglich. So etwas ist äußerst ärgerlich, besonders wenn es eigentlich gut lief. Glaube mir, ich spreche aus Erfahrung.

Eine weitere Möglichkeit diese Technik einzusetzen, bietet sich noch **bevor du das Gespräch eröffnest**:

Du sprichst sie zum Beispiel an mit:

> „Hallo! Ich muss in fünf Minuten weiter, aber bis meine Freunde kommen, kannst du mir ja etwas Spannendes von dir erzählen!“

Damit gibst du ihr Freiraum zu entscheiden, ob sie bei dir bleiben möchte. Viele Frauen fühlen sich oft bedrängt von der Vielzahl an Männern, die sie abends ansprechen. Indem du ihr aber bereits im Vorhinein signalisierst, dass sie nicht befürchten muss, den Rest des Abends in Schweigen neben einem Loser verbringen zu müssen, hebst du auch ihre Stimmung und sie wird sich eher auf dich einlassen.

Emotionale Themen

Ich spreche oft von persönlichen, emotionalen Themen. Vielleicht fragst du dich, was genau ich damit meine. An sich besteht die Hürde hierbei darin, möglichst bald die emotionalen Werte eines Menschen zu erkennen und darauf aufbauend **positive Emotionen** zu erzeugen, indem du mit ihr darüber sprichst. Du solltest also tunlichst vermeiden, den Tod ihrer Großmutter anzusprechen. Es würde zwar mit ziemlicher Sicherheit hoch emotional werden, das ist aber nicht die Art Emotion, die du wecken solltest.

Wenn du mit ihr Gemeinsamkeiten findest und nebenbei Körperkontakt aufbaust, entsteht diese typische Verbundenheit, die den Nährboden für alle spannenden Beziehungen und Affären bildet. Da diese Themen **sehr individueller Natur** sind, solltest du zu Beginn ähnlich den Wahrsagern von allgemein gültigen Werten auf ihre individuellen schließen. Besonders gut eignet sich hierfür auch die Frage nach ihrer **Lieblingstätigkeit**. Sobald sie dir sagt, was sie am allerliebsten tut, frage nach, wie sie sich dabei fühlt. Diese Emotion kannst du sie nun visualisieren lassen, indem sie möglichst bildlich beschreiben soll, wie sie sich selbst dabei beobachtet und was sie empfindet.

Du kannst aber auch sehr gezielt nach bestimmten, auch vorbereiteten Themen suchen. Zum Beispiel kannst du eine sehr starke Emotion wieder aufleben lassen und dann auf dich beziehen. Schaffe hier unbedingt auch nonverbal über Körperkontakt (auch bekannt als „Anker“ im NLP) eine Verbindung! Eine besonders gute Einleitung wäre hier folgende Frage: **„Was war dein Gefühl bei deiner ersten Liebe?“**

Positive, persönliche Emotion:

- Sicherheit
- Respekt
- Familie
- Erfüllung
- Nähe
- Entspannung
- Anerkennung
- Hoffnung
- Liebe

Ankern ist eine spezielle Technik, die dir dabei hilft, Emotionen an einer Stelle auf deinem Körper „abzuspeichern“, sodass sie erneut ausgelöst werden, sobald du diese Stelle berührst. Du lässt sie zuerst eine **emotionale Situation visualisieren**, damit sie sich wirklich hineinversetzen kann und dir genau beschreibt, wie gut es sich anfühlt. Kurz **vor dem „Höhepunkt“** der Emotion **berührst du sie nun an einer Körperstelle für zwei bis drei Sekunden**, an der dein Anker nicht im Alltagsleben durch andere Menschen „zufällig“ ausgelöst werden kann. Besonders gut geeignet sind deshalb Hals, Nacken, hinter den Ohren oder die Innenseite der Arme und Beine. Um die **Emotion** selbst zu initiieren, kannst du sie ihr auch **suggerieren**, beispielsweise indem du zu ihr sagst: „Du kennst das ja, wenn es so im Bauch kribbelt". Währenddessen berührst du sie am Bauch und streichst ihr sanft darüber.

Du kannst dir von ihr ebenso eine **Anleitung geben lassen, wie du sie zu verführen hast**. Das ist viel einfacher, als du vielleicht denkst! Sobald ihr euch schon etwas länger unterhalten habt und in einer Komfort-Lokalität seid, kannst du ihr, je nachdem was du anstrebst, folgende Fragen stellen:

1) Hattest du schon One-Night-Stands?
2) Wie kam es dazu?

Und jetzt hörst du einfach genau zu, wie sie dir beschreibt, was du zu tun hast – dazu kommt noch der positive Nebeneffekt, dass du sie in die gute Laune von damals zurückversetzt. Pass jedoch auf, wenn du auf das Thema **Beziehungen** zu sprechen kommst. Dieses würde ich **generell vermeiden**, da du dir damit bloß selbst Steine in den Weg legst. Entweder hat sie einen Freund, den sie bis jetzt auf magische Art und Weise vergessen hat zu erwähnen (dann ist es meiner Meinung nach nicht dein Problem), oder du versetzt sie in ihre letzte Beziehung zurück, die anscheinend nicht so gut gelaufen ist – sonst wäre sie ja wieder in Situation eins. Wie es also auch kommen sollte, das Thema Beziehungen würde ich generell außen vorweglassen und falls sie darauf zu sprechen kommt, kannst du es einfach ignorieren oder kontern mit:

> „Moment, von deinen Problemen kannst du mir später erzählen… aber noch kennen wir uns nicht so gut!"

Dann kannst du ganz normal weitermachen und ignorierst das Thema.

<u>Andere Beispiele für Anleitungen:</u>

- Wie sieht dein perfektes Date aus?
- Wie würdest du deinen Traummann beim ersten Treffen ansprechen?
- Wie kam es zu deiner letzten Beziehung?

Richtig sieht man nur mit dem Herzen; das Wesentliche ist für das Auge unsichtbar.

Antoine de Saint-Exupéry

Körperkontakt ausbauen

Besonders im Rapport, wenn du mit ihr in einer Komfort-Lokalität nebeneinander sitzt, ist es äußerst wichtig, gerade jetzt nicht auf den Körperkontakt zu vergessen! Es sollte für dich die natürlichste Sache der Welt sein, von schönen Frauen umgeben zu sein. Sie muss dir beweisen, dass sie mehr zu bieten hat! Wenn sich also jemand eingeschüchtert fühlen sollte, dann sie. Sitzt ihr gemeinsam auf einer Bank, stelle sicher, dass sich eure Schenkel oder Knie berühren. Du kannst nun immer öfter **Körperkontakt herstellen und überprüfen, wie sie darauf reagiert**. Fühlt sie sich wohl und ist sie von dir gefesselt, wird sehr wahrscheinlich sein, dass ihr bewusst gar nicht klar ist, wie viel Kontakt ihr nonverbal bereits habt. Berührst du sie **zu Beginn** eher an der **Außenseite ihres Körpers**, wie zum Beispiel an Armen oder Schulter, so wirst du **jetzt eher die Innenseite** der Unterarme, wo die Haut weicher und empfindlicher ist, berühren. Ebenso kannst du die Hand beiläufig auf ihrem Oberschenkel liegen lassen, um zu sehen, ob sie bereits daran gewöhnt ist. Ein sehr positives Signal ist es auch, wenn eure Hände ineinander liegen bleiben beziehungsweise du den Kontakt länger aufrecht erhältst als bei einem normalen Handschlag.

Eine sehr spielerische Möglichkeit, mehr Kontakt über die Hände aufzubauen, ist der **Daumenkampf**.

Hierbei gibst du ihr die rechte Hand so, dass die Daumen aufgestellt sind und die übrigen Finger sich ineinander verhaken. Nun kämpfen die beiden Daumen miteinander nach folgenden Regeln: Die Daumen verbeugen sich, dann drücken sie rechts, links, rechts und jetzt versucht jeder Daumen den anderen herunterzudrücken und zu halten. Wer den anderen für länger als drei Sekunden am Boden hält, gewinnt.

Du kannst damit die **Atmosphäre auflockern**, nach dem Spiel die Hände ineinander liegen lassen oder gleich um einen **kleinen Gewinn**, zum Beispiel einen Kuss, spielen – egal, wer dabei gewinnt, du gewinnst auf jeden Fall! Hältst du diese Technik für kindisch, dann lass es besser sein, ich habe jedoch mit jeder Frau jeden Alters Daumenkämpfe bestritten und damit immer sehr schnell den Körperkontakt ausbauen können.

Je näher du ihr sitzt, desto höher ist die Wahrscheinlichkeit, dass sie sich bei dir wohl fühlt. Ein weiteres Signal ist natürlich, wenn du ein wenig auf sie zurückst und sie nicht wegrückt. Womöglich kommt sie sogar von sich aus näher (siehe auch Körpersprache steuern), dann könntest du sie bereits küssen. Je mehr Körperkontakt du hast, desto intimer wird die Stimmung, du solltest also bereit sein zu eskalieren, so wie in Phase sechs beschrieben.

Körperhaltung spiegeln

Diese Technik kommt aus dem NLP und stellt eine weitere Möglichkeit dar, den Rapport zu vertiefen. Indem du mit einem anderen Menschen kongruent, also einer Meinung bist, verstärkst du das Vertrauen zu dir. Ihr seht die Dinge aus derselben Perspektive. Das erzeugt natürlich eine gewisse Nähe. Du kannst aber nicht nur verbal oder inhaltlich zustimmen, sondern auch **nonverbal** – und wie immer ist dieser Weg der Kommunikation der effektivere. Du nimmst dabei die Körperhaltung deines Gegenübers an, um ihn so zu „spiegeln". Verschränkt sie die Arme also vor dem Oberkörper, tust du es ihr gleich – selbstverständlich nicht mit besonderer Beachtung, sondern ganz beiläufig. Du kannst dabei tatsächlich fühlen, wie anders es sich anfühlt, nonverbal einer Meinung zu sein oder aber nonverbal eine andere Körperhaltung einzunehmen und dennoch inhaltlich zuzustimmen. Das Spiegeln der Körpersprache wird dir aber **besonders auch in Verhandlungen im** Alltags- und **Berufsleben von Nutzen** sein.

Spiegeln der Körpersprache:

- Arme überkreuzt
- Beine im Sitzen übereinander geschlagen
- Beine im Stehen überkreuzt
- Kopfhaltung
- Oberkörper vorgebeugt oder zurückgelehnt

Du kannst dieses Phänomen auch als **Partnerübung mit einem guten Freund** durchführen, um zu überprüfen, wie man sich dabei fühlt. Findet dafür zwei Themen, bei denen ihr einmal gleicher und einmal unterschiedlicher Meinung seid und probiert dann für eine knappe Minute nach den Vorgaben zu argumentieren und den anderen zu überzeugen.

Meinung ungleich Körperhaltung ungleich	Meinung gleich Körperhaltung ungleich
Meinung ungleich Körperhaltung gleich	Meinung gleich Körperhaltung gleich

Ein sehr positives **Flirt-Signal** ist es ebenso, **wenn die Frau dich spiegelt**. Das zeigt dir, dass sie mit dir übereinstimmt und eine Verbindung zwischen euch besteht. Je öfter sich diese Signale anhäufen, desto schneller kannst du eskalieren. Übertreibe es aber nicht, da du den Eindruck vermitteln willst, dass diese Bekanntschaft etwas Besonderes ist. Wenn sie bemerkt, dass du das mit jeder machst (was auch stimmen mag), dann legst du dir selbst bloß Steine in den Weg.

Körperhaltung steuern

Sobald du die Körperhaltung spiegelst, folgt nun der nächste logische Schritt: **du übernimmst jetzt die nonverbale Führung** und machst den nächsten Schritt vor, damit sie dir folgt. Damit du ihre Körperhaltung unbewusst steuern kannst, musst du klarer Weise **bereits ein gewisses Maß an Vertrauen** aufgebaut haben. Sobald sie jedoch deine Haltung spiegelt, ist sie auch bereit, von dir geführt zu werden. Diese Technik ist besonders dann sehr hilfreich, wenn du sie Schritt für Schritt dazu bringen möchtest, sich dir zu öffnen, um die **Eskalation vorzubereiten**. Du kannst sie aber auch schon zu Beginn einsetzen, um sie daran zu gewöhnen, dass du sie führst. So ist es beispielsweise sehr nützlich, um einerseits zu überprüfen, ob sie nonverbale Flirt-Signale sendet und erwidert, aber auch um sie direkt dazu zu bringen, dir näher zu kommen. Besonders effektiv kannst du diese Technik auch **auf der Tanzfläche** einsetzen. Du kannst, die richtige Stimmung vorausgesetzt, sogar schon so weit gehen, direkt in die Eskalation überzuleiten.

Diese Technik ist nicht nur bei Frauen **äußerst effektiv**, sondern **auch im Berufsleben und Alltag** sehr von Nutzen. Mit gleicher Körperhaltung steigt das Vertrauen, eine Verbindung entsteht! Wer das bewusst zu erkennen weiß und gegebenenfalls auch führen kann, der wird in Verhandlungen oder generell, wenn es darum geht, sich selbst zu verkaufen, immer die Nase vorne haben.

Phase 6: Verführen

Phase sechs ist reine Formsache. Hast du sie bereits in eine Komfort-Lokalität isoliert und den Körperkontakt ausgebaut, besprichst emotionale und persönliche Themen mit ihr und bekommst weiterhin sowohl Flirt-Signale als auch Körperkontakt, der von ihr initiiert wird, dann stehen alle Zeichen auf:

GO!

Je nachdem, wie es für dich angenehm ist, dann kannst du mit der Eskalation beginnen, **sobald es sich richtig „anfühlt" oder** aber erst, **wenn du genug Signale erkannt hast**, um dir sicher zu sein, dass sie bereit ist. Vor der Eskalation steigt der Energielevel der Konversation merklich, was ein weiteres Indiz für dich ist, dass du gleich eskalieren sollst. Wenn du bemerkst, dass sie noch nicht so weit ist, dann lass ihr noch etwas Zeit und versuche es später erneut.

Sehr witzig ist auch immer wieder ihr Gesichtsausdruck, wenn du derjenige bist, der sagt:

> „Du weißt aber schon, dass ich beim ersten Treffen nicht küsse?"

Eskalieren

Bisher hast du den Körperkontakt kontinuierlich ausgebaut. Sie hat sich mittlerweile daran gewöhnt, ständig in Kontakt mit dir zu stehen: eure Knie, die Schenkel, die Hände und Oberarme berühren sich immer wieder. Alles läuft vollkommen natürlich ab. Sie spiegelt deine Körpersprache und weicht nicht zurück, ja kommt vielleicht sogar schon von sich aus näher. Dies ist der Moment, um den Körperkontakt rapide zu steigern, eben zu eskalieren.

Hier ein kleines Beispiel, wie du die **Eskalation einleitest**: Du sitzt neben ihr und hast schon direkten Körperkontakt. Nun kannst du entlang der Innenseite ihrer Unterarme entlangstreichen und ihr ins Ohr flüstern. Die Themenwahl sollte dabei natürlich möglichst emotionale Werte von ihr ansprechen. Wenn du spürst, dass es der richtige Zeitpunkt ist, so kannst du auch schon bevor du sie küsst über Sex sprechen, oder zumindest über sexuelle Themen und Erlebnisse. Damit sie in die richtige Stimmung kommt, kannst du diesen Inhalt bewusst mit dem Körperkontakt aufheizen. Du konzentrierst dich auf **ihre nonverbalen Reaktionen**. Wie lange bleibt ihre Hand in deiner liegen, fällt es ihr überhaupt auf? Den Rücken fährst du mit spitzen Fingern auf und ab, sie soll eine Gänsehaut bekommen! Hinter den Ohren und am Nacken kannst du ganz nahe mit deinen Lippen kommen, sodass du sie fast berührst – du hauchst aber nur ganz langsam auf ihre Haut mit warmem Atem. Dabei sollten sich alle ihre Härchen aufstellen. Ebenfalls kannst du mit der flachen Hand an ihren Hinterkopf fahren, zwischen ihren Haaren zu einer Faust zusammenballen und dann sachte nach hinten ziehen.

Hotspots beim Eskalieren

- Innenseite der Schenkel
- Innenseite der Unterarme
- Hals
- Nacken
- Hinter den Ohren
- Rücken
- Außenseite der Brüste

Ebenso bieten sich spielerische Varianten an. So kannst du sie zum Beispiel **in ihrem Nacken knabbern** und daraufhin von ihr verlangen, bei dir zu knabbern – sie soll sich dabei gleich qualifizieren, mach also ein Spiel daraus und bewerte ihre „Knabber-Fertigkeiten“ auf einer Skala von eins bis zehn.

Kleiner Tipp:

Gib ihr mit einem ironischen Grinsen nur eine Vier und frag sie, ob das wirklich schon alles war!

Um so ein **Spiel einzuleiten** sind Geschichten empfehlenswert wie beispielsweise:

> „Eine gute Freundin von mir studiert Soziologie. Sie hat mir kürzlich erzählt, dass der Reflex, den du von Löwen kennst, auch beim Menschen vorhanden ist. Wenn Jungtiere von ihrer Mutter aus der Gefahrenzone getragen werden, dann fasst sie die Mutter im Genick, aber ganz im Gegensatz zum äußeren Eindruck tut das den Kleinen überhaupt nicht weh – sie empfinden dabei ein unglaublich angenehmes Gefühl! Sie hat mir empfohlen, das bei nächster Gelegenheit einmal selbst auszuprobieren – also los, zeig mir mal dein bestes Knabbern!“

Und jetzt deutest du nur noch mit dem Finger auf deinen Hals.

Küssen

Je mehr Körperkontakt bereits besteht und je mehr sie von sich selbst aus initiiert, desto höher ist die Chance, dass sie bereits geküsst werden will. Besonders auffällige Signale sind das Fixieren deiner Lippen oder das Lecken über ihre eigenen. Immer wieder interessant zu beobachten ist auch der „**Dreiecks-Blick**", mit dem du ganz sicher sein kannst, dass sie gerade in diesem Moment unbewusst übers Küssen nachdenkt. Der Blick wandert hierbei zwischen **Augen-Mund-Augen-Mund** und so weiter. Dabei kommt es nicht unbedingt auf die Geschwindigkeit an, sondern eher darauf, dass sie bei den Lippen hängen bleibt. Ebenso wie du Körperhaltung spiegeln und dann steuern kannst, so kannst du auch einfach mit dem „Dreiecks-Blick" beginnen und überprüfen, ob sie einsteigt.

Das eindeutigste Signal ist jedoch, wenn du ihr die Haare vor der Stirn auf die Seite streichst und dann näher zu ihrem Gesicht kommst. Diese Geste ist absolut eindeutig und wenn sie nicht zurückweicht sondern dich viel wahrscheinlicher erwartungsvoll ansieht, dann ist sie soweit. **Jetzt einfach küssen!**

Beim ersten Kuss achte darauf, dass sie sich wohl fühlt. Du kannst danach aber genauso ein Spiel machen und sie etwas necken:

> „Du lässt nach! Vorher hast du noch viel leidenschaftlicher geküsst… Du weißt ja, was man sagt: Frauen küssen so wie sie im Bett sind! War das denn schon alles?"

Ihre Telefonnummer

Ich habe dir bereits gesagt: **Telefonnummer immer nur als letzter Ausweg**. Du sollst die Phasen ausreizen, denn nur so lernst du einerseits nonverbale Signale zu deuten, falls du unkalibriert zu schnell bist, andererseits geht es dir ja auch um effiziente Verführung. Natürlich kannst du Spaß mit ihr haben, wenn die Unterhaltung gut verläuft – darum geht es ja auch: Spaß haben! Aber wenn du so viel Spaß hast, dass du verpasst, die Logistik herauszufiltern und sie dann überstürzt aufbrechen muss, dann hast du ein Problem. Nutze also die Zeit zu Beginn, um die Telefonnummer bereits jetzt mittels Zeitbrücke vorzubereiten. Wenn es dann so weit ist, leitest du damit ein und sagst:

„Gib mir einfach dein Telefon, ich gebe dir meine Nummer!"

Damit bekommst du garantiert die richtige Nummer – du **tippst deine bei ihr ein und rufst dich gleich selbst zurück**. Das ist sozial völlig akzeptiert, denn wenn sie deine hat, dann darfst du auch ihre haben! Ist ihre Nummer unterdrückt (eher die Ausnahme), dann sag ihr einfach, sie soll das kurz umstellen.

Telefonnummern alleine bringen dir nicht viel. Es ist also kein Ziel, zehn Nummern an einem Abend sammeln zu wollen. Lass mich dir eine einfache Frage stellen: „Kannst du Telefonnummern küssen?"

Zeitbrücken

Wenn du jemanden kennen lernst, dann verbringt ihr logischerweise gemeinsam Zeit. Es kann jedoch passieren, dass sehr plötzlich der Punkt kommt, an dem sie oder du aus irgendeinem Grund gehen müssen. Die Freunde wollen weiter, sie hat noch einen Termin, du konntest selbst gar nicht so lange und so weiter. Deshalb ist es auch so wichtig, bereits in den Phasen zwei und drei die Logistik zu überprüfen, um zu wissen, was sie noch vorhat und wann sie los muss. Wenn ihr euch dann trennt, steht eines fest: Ihr wollt euch wieder sehen. Die Frage ist bloß:

Wann?

Wobei?

Wo?

Es steht quasi in den Sternen, ob ihr euch wieder seht, der Zeitpunkt und die Art des Treffens sind ungewiss. Um dieser Unsicherheit vorzubeugen, kannst du bereits jetzt, **im Zeitpunkt der Verabschiedung, das nächste Treffen festsetzen**. Hierbei geht es weniger um den Termin als vielmehr die **Tätigkeit**, bei der ihr euch wieder seht. Du legst damit eine **Brücke über die Zeit**, bis du sie wieder siehst – die Zeit dazwischen ist unwichtig.

Darum achtest du zu Beginn nicht nur auf ihre persönlichen Werte und Themen, sondern denkst auch gleich an die Zeitbrücke und weißt, dass du später darauf zurückgreifen kannst:

- Sie mag Kunst? Da gibt es doch diese neue Ausstellung, zu der du nächste Woche sowieso gehen wolltest! Wie wäre es, wenn sie mitkommt?
- Sie macht gerne Sport? Du wolltest Ende der Woche Inline-Skaten!
- Sie mag Filme? DVD-Abend mit deinen Freunden (die nach einer Stunde gehen…)!

So kannst du perfekt Dates vorbereiten. Es geht hierbei wirklich nur darum, eine gemeinsame Tätigkeit zu finden, bei der ihr euch möglichst bald (innerhalb einer Woche), aber auch nicht zu früh (erst ab zwei Tagen) wieder sehen werdet. Achte deshalb genau auf das, was sie sagt – im Grunde liefert sie dir immer die richtigen Themen und Gründe, mit ihr auszugehen und damit auch die Anleitung, wie du sie verführst! Nütze das!

Kapitel 3
Gruppendynamiken

Ansprechen mit einem Freund

Frauen zu isolieren wird dir mit einem Freund viel einfacher gelingen. Genauso kannst du ihn dazu nutzen, deinen eigenen **sozialen Wert zu erhöhen**. Hat er eine gute Ausstrahlung und ein sicheres Auftreten, wird dies auch von dir angenommen. Immerhin verbringt ihr gemeinsam eure Zeit und die meisten Menschen bewegen sich auf dem Terrain, auf dem sie sich wohl fühlen. Vergiss aber keinesfalls darauf zu achten, dass ihr ein **kongruentes Auftreten** habt. Wenn ihr euch als die besten Freunde vorstellt, jedoch nach drei Minuten Gespräch mit ein paar Wildfremden den anderen überhaupt nicht mehr beachtet, dann merkt man sehr schnell, dass ihr gar nicht wirklich zusammengehört. Echte Freunde, die gemeinsam weggehen, um Spaß zu haben, kommen also immer an erster Stelle. Erst wenn es sich die Gruppe, die ihr ansprecht, verdient hat, kann sie eure ungeteilte Aufmerksamkeit genießen (meistens erst in Isolation). Zumindest ist dies oft der richtige Moment, um sie zu isolieren, da sich ein Thema besonders zwischen zwei Personen entwickelt und diese dann etwas abseits in einer Komfort-Lokalität sitzen wollen. Nütze hier wieder die Unterstützung deines Freundes und sprich laut vor der Gruppe, aber hauptsächlich auf ihn fokussiert: „Hey, du merkst, wir zwei hier verstehen uns echt super, wir setzen uns für ein paar Minuten da rüber, in Ordnung?" Und natürlich ist das ok für deinen Freund: „Klar, wir haben hier auch gerade unseren Spaß, oder Mädels?" Und du bist schon längst mit ihr an der Hand voraus. Vergiss nicht: Was du von deinem Freund verlangst, das gib ihm auch zurück!

Zwei Frauen

Meistens wirst du Frauen nicht alleine antreffen. Besonders abends im Club, aber auch wenn sie auf der Straße unterwegs von einem Termin zum nächsten oder beim Shoppen ist, wird sie von einer Freundin begleitet werden. Das wird dir keine unnötigen Sorgen bereiten, denn es ist zu deinem Vorteil! Du kannst **ihre Freundin** sehr leicht **dazu bringen, dich** bei der Verführung **zu unterstützen**. Unterhalte dich mit beiden Frauen und interessiere dich zu Beginn etwas mehr für diejenige, die du eigentlich nicht näher kennen lernen möchtest. Gerade wenn ihre Freundin besser aussieht (was sie natürlich weiß), wird sie beginnen sich zu fragen: „Wieso spricht er nicht zuerst mit mir, wie es sonst alle tun?" Sie wird anfangen, sich unbewusst zu qualifizieren, indem sie sich bemüht, ins Gespräch einzusteigen. Ignoriere sie aber nicht völlig, das könnte kontraproduktive Auswirkungen haben. Besonders spaßig ist an zwei guten Freundinnen, dass man sie (vor allem bei hohem Energielevel) sehr einfach gegeneinander ausspielen kann. Ist die eine zickig, nervig oder unangenehm zu dir? Dreh dich von ihr weg und frag ihre Freundin mit offensichtlich überspielter Entrüstung: **„Ist sie *immer* so?"**

Dein Fokus sollte aber immer darauf liegen, die Frau zu **isolieren**, die du verführen möchtest. Deshalb ist es von Vorteil**, mit einem guten Freund von dir gemeinsam** unterwegs zu sein, da er die andere Frau währenddessen ablenken kann. So ist es zum Beispiel einfach, wenn zwei nebeneinander auf einer Bank sitzen, sie voneinander zu trennen, indem ihr euch einfach an die äußeren Enden der Bank setzt und die Frauen mit dem Rücken zueinander sitzen (oder auf der Tanzfläche stehen usw.) Dadurch, dass sie **keinen Blickkontakt mehr zueinander haben**, sind sie automatisch voneinander isoliert. Läuft dann noch auf beiden Seiten das Gespräch gut, kommen die Frauen gar nicht auf die Idee, ihre Freundin wieder mit einzubeziehen. Sollte eine der Frauen plötzlich mit ihrer Freundin sprechen, ist dies ein mögliches Signal dafür, dass du nicht genug Rapport aufgebaut hast oder unkalibriert bist. Arbeite daran, Frauen möglichst schnell in eine emotional angenehme und prickelnde Stimmung zu bringen, indem du **sie in ein aufregendes Gespräch verwickelst, das ihre persönlichen Werte anspricht**. Sie wird von ganz alleine „auf die Zeit vergessen" (und auf ihre Freundin). Zu Beginn jedoch unterhaltet ihr die Gruppe gemeinsam, indem ihr abwechselnd eure (bestenfalls gemeinsam erlebten) Geschichten für den anderen beendet und nebenbei neue beginnt (erinnere dich an das Kapitel „Spannend erzählen").

Wenn ihr euch mit den Frauen auf die Straße begebt, zum Beispiel um in einen anderen Club zu wechseln, dann haltet ca. zehn Meter Abstand voneinander, um die Isolation aufrecht zu erhalten. Dadurch bleiben eure Gespräche ungestört und die Nähe zum anderen wird verstärkt. Zusätzlich gewöhnen sich die Frauen daran, in eurer Gegenwart voneinander isoliert zu sein.

Frauen mit Männern

Du weißt bereits, dass es wichtig ist, dich direkt in ihren Tagesablauf einzubauen. Genauso wichtig ist es bei Gruppen, herauszufinden, woher sie sich kennen. Deswegen solltest du gleich zu Beginn des Gespräches nachhaken:

„Woher kennt ihr euch?"

Mit dieser einfachen Frage erfährst du unglaublich viele, wichtige Informationen. **Persönliche Werte, Gruppenhierarchien, emotionale Geschichten und positive Emotionen** fließen von allen Ecken und Enden in das Gespräch mit ein und bieten dir perfekte Themenvorlagen für die ersten Minuten. Bist du dir unsicher, ob der Mann einfach nur „ein Freund" oder aber mit einer der Frauen liiert ist, dann frage zuerst ihn, und erst nach seiner Antwort die Frauen. Oft kommt es vor, dass dir der Mann sagen wird, er wäre mit einer der Frauen zusammen, in Wirklichkeit ist das aber nur ein Manöver, um dich abzuwehren, da er selbst an einem der Mädels interessiert ist.

Lügt er dich an, hat er es auch verdient, die Konsequenzen dafür zu tragen. Indem du danach (gesondert von ihm) die Frauen fragst und sie dir womöglich berichten, sie wären bloß befreundet, dann kannst du natürlich überrascht nachfragen: „Ach so? Er hat gesagt, ihr wärt zusammen!" Natürlich wird die Frau entrüstet jedes sexuelle Verhältnis von sich weisen, denn ein Mann, der so etwas ohne ihr Zutun behauptet, disqualifiziert sich automatisch selbst. Damit bist du ihn ein für allemal los. Unterhältst du dich stattdessen zu Beginn mit zwei Frauen alleine und es kommt dann plötzlich ein Mann dazu, der fragt, wer du bist, dann reagiere erst einmal völlig unbeeindruckt und versuche, ihn ganz normal zu behandeln, als wäre er einer deiner besten Kumpels. Schaffst du es, ihm genauso sympathisch zu sein wie den Frauen, dann wird er dir nur, wenn er wirklich mit einem der Mädels liiert ist, versuchen dazwischenzufunken.

Du wirst überrascht sein, wie spaßig es sein kann, der Mittelpunkt der Gruppe zu werden, denn während dich die ursprünglich für Rivalen gehaltenen Männer nun plötzlich auf Getränke einladen und dir die geheimsten Geschichten über die Frauen erzählen, werden diese sich sofort qualifizieren um nicht ins falsche Licht gerückt zu werden. Du könntest so weit gehen, Gruppen, in denen Männer den Ton angeben, nur noch mit dem Ziel anzusprechen, dich mit den Männer anzufreunden. **Achte jedoch darauf, dass dein sozialer Wert stets höher ist als der der anderen Männer**.

Dies musst du ihnen nicht verbal bewusst machen, es genügt, ein- oder zweimal mittels Körpersprache und dem richtigen Status nonverbal zu vermitteln, dass du dich von ihnen nicht eingeschüchtert fühlst sondern sie führst.

Gruppen

Wenn du eines Abends viel Zeit hast, dann kannst du diese nutzen, um **der Reihe nach eine Gruppe nach der anderen anzusprechen** und dich mit allen Menschen vor Ort anzufreunden. Dadurch lernst du mindestens dreißig Personen allein an diesem Abend kennen. Die Chance, dass darunter mindestens zwei interessante Frauen sind, ist äußerst hoch. Und selbst wenn das nicht der Fall sein sollte, so hast du eine gute Zeit und lernst kurz darauf wieder neue Leute kennen, die vielleicht erst später nachkommen oder sich zufällig treffen. Auf jeden Fall bist du dadurch extrem **unabhängig** und kannst jederzeit zwischen mehreren Gruppen hin- und herwechseln. Man könnte nun als Beobachter fast behaupten, dir würde der Club gehören! Und genau so sollte es sich auch anfühlen: **Der Club als dein Wohnzimmer.**

Positiver Nebeneffekt: Du wirst ständig von Frauen beobachtet und angelächelt, weil du ihnen gute Emotionen schenkst. Das fällt anderen Frauen auf und du wirst nun selber von ihnen angesprochen. Dies ist ein erstrebenswerter Zustand, da Charisma und andere Frauen indirekt dafür arbeiten, dass du eine positive Ausstrahlung hast. Es ist sogar wissenschaftlich bewiesen, dass Frauen meist jene Männer attraktiv finden, die von anderen Frauen angelächelt werden, egal in welcher Position oder Situation sie sich gerade befinden. Darauf bauen manche Männer sogar ihre gesamte Verführungsstrategie auf, indem sie zuerst nur den ehrlichen Wunsch hegen, mit tollen Frauen befreundet zu sein – um dann später deren noch tollere Freundinnen kennen zu lernen.

Kapitel 4
Fortführendes Material

Gespräche am Telefon

Eine Unterhaltung am Telefon verläuft wie eine Unterhaltung von Angesicht zu Angesicht. Sei ruhig und entspannt und versuche nicht bloß, nur so zu wirken. Konzentriere dich eher auf die Übermittlung deiner Botschaft als auf den Inhalt:

- Tonalität
- Stimmhöhe
- Entspannte Körperhaltung
- Atmen aus dem Bauch
- Sprich langsam und mit
- angenehmer Stimme

Wenn du „spürst", in welcher Körperhaltung sich dein Gegenüber befindet, (stehend, sitzend, gehend), passe dich an. Scheue dich nicht davor, nachzufragen!

Der Ablauf
Sei dir im Klaren darüber, was du beabsichtigst, bevor du anrufst. Du willst sie wieder sehen? Wo? Wann? Halte immer einen Alternativtermin bereit. Baue eine **emotionale Bindung zu eurem letzten Treffen** auf, erinnere sie an etwas **Positives**, das euch verbindet. Im besten Fall baust du auf einer **Zeitbrücke** auf.

Profitipps

- Hinterlasse keine Nachrichten
- Ruf nicht zu oft an
- Frag sie nicht, ob du sie gerade störst
- Frag sie nicht, was sie gerade tut
- Fasse dich kurz – deine Zeit ist kostbar!

Wenn du dir unsicher bist, ob sie gerade Zeit für das Telefonat hat, dann mach dir Folgendes klar: In dem Moment, wo ein erwachsener Mensch einen Anruf annimmt, will er gestört werden! Du brauchst also überhaupt keine Bedenken zu äußern, was dich höchstens unsicher wirken lassen würde!

Verhalten beim Date

Der größte Fehler, den du bei einem Date machen kannst, ist der, nicht sofort dort weiterzumachen, wo du aufgehört hast!

Es ist **unerlässlich für deine Kongruenz**, sie als allererstes zu küssen, wenn du sie beim Kennenlernen bereits geküsst hast! Hattet ihr viel Körperkontakt, dann nimm sie gleich an der Hüfte und gehe mit ihr los. Hattet ihr bereits Sex, dann küss sie leidenschaftlich.

Mach dort weiter,

wo du aufgehört hast!

Tust du es nicht, beginnst du quasi bei Null und es kann dir ebenso passieren, dass, obwohl die Stimmung beim Kennenlernen und am Telefon eine positive war, es jetzt einschläft, weil die Frau von dir erwartet, dass du so bist wie sie dich kennt – du aber nur herumredest und nichts *tust*!

Frage dich einfach, wieso sie sich mit dir treffen will. Sie kommt nicht, weil ihr langweilig ist. **Sie kommt deinetwegen!** Und zwar weil du, als ihr Telefonnummern getauscht habt, der Mensch warst, den sie so sehr braucht. Nimm ihr dieses Geschenk nicht wieder weg, nur weil du vielleicht Angst hast, sie würde sich überrumpelt fühlen – sie will es doch, deswegen ist sie ja hier!

Ein Mann fragt sich während eines Dates, ob er heute Abend Glück hat.

Die Frau weiß es.

Monica Piper

Deine Wohnung

Die Wohnung ist einer der wichtigsten Bestandteile der Verführung. Sie spiegelt direkt deinen Lebensstil wider. Hier wirst du viele Frauen verführen, also achte darauf, vorbereitet zu sein.

Eine Checkliste der wichtigsten Dinge, die sich in deiner Wohnung befinden sollten:

- Kondome
- Aufgeräumt, der Blick muss schweifen können
- gedämpftes Licht, warme Farbtöne
- Temperatur sollte zwischen 22 bis 23° liegen, zumindest im Schlafzimmer
- Großes Bett
- Extra Polster
- Aschenbecher und Anti-Tabak Raumduft
- CD Player vorbereitet (Musik suchen vermiest die Stimmung)
- Indirekte Lampe (solltest du etwas suchen, verwende kein grelles Licht)

Bei Bedarf:

- Duftlampe
- Massageöl
- Kerzen (große, geruchlose)
- Küchentücher (für all die Schweinereien, die ihr anstellt)

Sex

Jetzt kannst du tun, wozu du hier bist. Du hast die beste Zeit deines Lebens – genieße es! Lass dir Zeit und achte auf ihre Signale, denn gerade jetzt wird sie es zu schätzen wissen, wenn du ihre Körpersprache lesen kannst. Denke immer an folgende Grundregel:

Sprich nicht mit ihr über Sex

bevor du ihn auch *hast*

Tust du es dennoch, wird das ihre Stimmung bloß drücken. Ebenso unsinnig ist, sie zu fragen, ob ihr Sex haben werdet – es steht schon längst fest, wenn sie dich küsst. Sollte sie von sich aus auf das Thema eingehen, dann behandle es so knapp wie möglich. **Über Sex spricht man nicht – man hat ihn.**

Um guten Sex zu haben, empfiehlt es sich, sie zuerst zu befriedigen. Hat ihre Lust den Höhepunkt erreicht, kannst du dir gewiss sein, dass auch du deinen Spaß haben wirst. **Kümmere dich also zuerst um sie!**

Deshalb ist es besonders wichtig, dass du auf die Frau eingehst. Lerne durch ihre Signale und frage nach, falls du bemerkst, dass etwas nicht passt.

Die einzige unnatürliche Stellung ist jene, die du nicht ausführen kannst.

Dr. Alfred Kinsey

Was du nicht tun solltest:

- Sie vor dem Sex nicht küssen
- Dich nicht rasieren
- In ihr Ohr pusten oder beißen
- Ihre Brust quetschen
- Ihre Brustwarzen zu fest beißen
- Den Rest ihres Körpers ignorieren
- Abrupte Pausen machen
- Zu fest massieren
- Deine Socken nicht zuerst ausziehen
- Zu schnell rangehen
- Fragen, ob sie gekommen ist
- Sie bei Fellatio nicht vor deinem Orgasmus warnen
- Sie ewig lange oben lassen
- Sie beim Sex fotografieren, auf Video aufnehmen und so weiter
- Analsex initiieren und so tun, als wäre es ein Unfall gewesen
- Knutschflecken hinterlassen
- Sie herumkommandieren
- Dich bei ihr bedanken
- Sie, wenn du oben bist, zerquetschen
- Dich nicht kümmern, ob sie ihren Spaß hat

Um sie zum Kommen zu bringen, streichle besonders die Hotspots ihres Körpers. Lasse dir viel Zeit! Nach dem Vorspiel massiere rhythmisch ihre G-Zone. Diese erreichst du mit der Hand am besten, wenn sie am Rücken liegt, du den Zeige- und oder Mittelfinger benutzt (beide zeitgleich erst gegen

Ende), und du die Handfläche nach oben drehst. Wenn du sie nun mit deinem Finger „heranwinkst", streifst du an der Oberseite ihrer Vulva (auf der Unterseite des Bauches) über einen zwei bis drei Zentimeter großen Bereich, der etwas rauer ist als die restliche Umgebung. Er liegt etwa vier bis sieben Zentimeter vom Scheideneingang entfernt, je nachdem, wie groß sie ist. Je erregter sie wird, desto mehr wird sich dieser Bereich auch mit Blut anfüllen. Du kannst sie nun in gleichbleibenden Abständen rhythmisch massieren und zeitgleich die Klitoris mit dem anderen Zeigefinger stimulieren. Achte darauf, bei dieser nicht zu fest aufzudrücken, da die Klitoris sehr empfindlich ist. Liegst du vor ihr, kannst du mit der anderen Hand ihr Gesäß festhalten, um sie besser massieren zu können. Hast du einmal den Dreh raus, kannst du natürlich auch während des Sex mit deinem Penis diesen Bereich stimulieren. Achte hier besonders auf den **richtigen Winkel**. In der Missionarsstellung empfiehlt es sich, ihre Beine auf deine Schultern zu legen und deinen Penis gegebenenfalls noch mit einer freien Hand leicht nach oben zu dirigieren. Einfacher ist es, wenn sie vor dir kniet, denn nun kannst du in einem schrägen Winkel von oben in sie eindringen und dabei sehr leicht die G-Zone stimulieren. Mit etwas Spucke und wenn sie Spaß daran hat, kannst du auch deinen Zeigefinger in ihren Anus einführen und deinen Penis von innen noch etwas nach unten pressen, um den Druck zu verstärken. Sie sollte ihr Kreuz dabei möglichst durchbeugen, natürlich nur, so lange sie keine Rückenbeschwerden davon bekommt. Ein sehr gutes **Buch** zu diesem Thema ist **„She comes first" von Ian Kerner**.

Beziehungsmanagement

Möchtest du sie wieder sehen, dann solltest du das auch tun. Es hat wenig Sinn, spannende Affären links liegen zu lassen, nur um dein Ego zu stärken, indem du jede Nacht mit einer anderen schläfst. Der zusätzliche Nebeneffekt: es wird dich auf Dauer nicht glücklich, wenn nicht sogar unglücklich, machen. Wenn ihr bereits in der ersten Nacht Sex hattet, **dann lass sie die ersten Schritte machen**. Verhalte dich am Morgen ganz normal und genieße die Zeit mit ihr. Wenn sie von sich aus nicht fragt, ob ihr euch wiederseht, die Stimmung aber zu passen scheint, dann frag du in Anlehnung an die **Zeitbrücke** nach, ob sie nächste Woche mit dir gemeinsam zu diesem Event kommen wird. Achte aber darauf, deinen hohen Wert beizubehalten, indem du nicht sofort am nächsten Abend wieder für sie verfügbar bist.

Möchtest du **mehrere Frauen gleichzeitig**, so wirst du dir einen Wochenplaner zulegen müssen. Besonders einfach funktioniert deine **Zeiteinteilung**, wenn du **fixe Tage für jede Frau** reservierst, an denen sie ebenfalls Zeit hat. So kannst du beispielsweise montags oder mittwochs Angelika treffen und dienstags oder donnerstags Manuela. Ein Tag unter der Woche, am besten Freitag, sollte für deine Freunde reserviert bleiben, mit denen du abends auch weggehen kannst und neue Frauen kennenlernst. Das Wochenende sollte deiner Entspannung und der Familie gelten, je nach deinen Wünschen kannst du natürlich auch hier ein drittes Mädchen einplanen. Ich werde dir nicht viel über **Moral** predigen, weiß aber aus

Wieso soll ich eine Frau unglücklich machen, wenn ich so viele andere glücklich machen kann?

Benny Hill
(als er gefragt wurde,
wieso er nicht heiraten wolle)

Erfahrung, dass **Ehrlichkeit siegt**. Du hast mehrere Frauen – na und? Das hebt deinen Wert höchstens! Solltest du **in dem gleichen Umfeld einer Frau** mit anderen schlafen, dann halte dich an folgende Regel: „Wer schweigt, gewinnt." Mach ihr klar, dass dein Privatleben nur euch zwei betrifft und du sehr auf deine Privatsphäre achtest. Ebenso wie sie nie etwas Schlechtes über sich im Freundeskreis, auf der Uni oder in der Arbeit hören wird, so erwartest auch du von ihr, dass sie keine Details über euch ausplaudert. **Wenn sie dich fragt, ob ihr nun eine Beziehung habt, du das aber nicht möchtest** (sie aber auch nicht verlieren willst), dann antworte Folgendes:

> „Weißt du, ich denke, dass sehr viele Menschen heutzutage viel zu schnell zusammenkommen. Ein guter Freund von mir hat sich Hals über Kopf in eine Beziehung gestürzt und schon nach zwei Monaten kam das Aus. Ich bin mir sicher, wenn wir die Dinge etwas ruhiger angehen und erst einmal die gemeinsame Zeit genießen, dann ergibt sich alles von selbst."

Achte auch in der Zeit nach der Verführung darauf, die Spannung in Beziehungen am Leben zu halten. **Überrasche sie mit Ideen, nicht mit** materiellen **Geschenken**! Ein Picknick im Wald und darauf folgender Sex sind schon ein kleines Abenteuer, genauso wie warme Schokosauce zum Frühstück im Bett. Um kongruent zu bleiben, solltest du sie also **auch in Zukunft nicht einladen** oder sonst wie mit Geld verwöhnen. Du bist der Preis, du hast den hohen Wert - sie kann froh sein, dass sie dich in deiner Welt besuchen darf!

F&A – Wie Frauen testen

Es ist auch für Frauen unerlässlich, den sozialen Wert eines Mannes herauszufiltern. Es ist die **weibliche Art, dich zum qualifizieren zu bringen**. Meist stellt sie dir einfache Fragen, oft ändert sie aber auch mitten im Gespräch ihre Einstellung zu einem bestimmten Thema um zu überprüfen, ob du weiterhin zu deiner Meinung stehst und ihr nicht blind zustimmst (das sprichwörtliche „Fähnchen, das sich nach dem Wind dreht“). Ihre Tests haben eine Sache gemeinsam: Die Art, wie du damit umgehst. Du bleibst deiner Einstellung treu und stehst zu deiner Meinung. Am besten ist es, sie mit einer **schlagfertigen Antwort zum Lachen zu bringen und dann das Thema zu wechseln**. Sie soll aber nie genau wissen, ob du es nun tatsächlich ernst meinst – lass sie ruhig etwas im Dunkeln tappen. Sollte sie tatsächlich nachfragen, ob du die Antwort wirklich ernst meinst, dann antworte ganz locker: „Absolut ernst.“

Du hast es nicht nötig,

dich zu rechtfertigen.

Schlagfertigkeit ist das, was dir fünf Minuten später einfällt.

Harry
6system.info Coach
und NLP Master

Während dem Kennenlernen

F: Lass uns tanzen!
A: Wir tanzen in fünf Minuten, jetzt reden wir.
A: Moment mal - so leicht bin ich nicht zu haben!

F: Wie alt bist du?
A: Alt genug!
A: Zu alt für diese Standardfragen!
A: Was schätzt du?

F: Bist du immer so?
A: Ja.
A: Natürlich – verstellst *du* dich etwa?
A: Nein, normal bin ich viel schlimmer.

F: Kaufst du mir ein Getränk/eine Rose etc.?
A: Wieso, du bist doch eine emanzipierte Frau, oder?
A: Nein, aber du kannst mir eine kaufen!
A: Du zahlst die erste Runde, ich die zweite.
(Wenn sie dir nicht gefällt, dann gehst du einfach vor der zweiten Runde)

F: Ich habe einen Freund!
A: Ich auch!
A: Über deine Probleme reden wir später, wir sind doch hier um Spaß zu haben, oder?

F: Hast du eine Freundin?
A: Ja, du nicht?
A: Klar, sogar zwei!

F: Du bist mir zu jung!
A: Um diese Frage von Vorneherein zu vermeiden empfiehlt es sich zuerst nach ihrem Alter zu fragen. Antworte dann in jedem Fall mit „Wow, du bist mir viel zu jung!“
A: Wofür?

F: Du bist mir zu alt!
A: Um diese Frage von Vorneherein zu vermeiden empfiehlt es sich zuerst nach ihrem Alter zu fragen. Antworte dann in jedem Fall mit „Wow, du bist mir viel zu alt!“
A: Wofür?

F: Du weißt aber schon, dass du meine Telefonnummer nicht bekommst?
A: Wer hat dir verraten, dass ich Telefonnummern sammle?
A (tu so, als hättest du sie nicht verstanden): Was, du willst meine Nummer? Moment, so leicht bin ich nicht zu haben!
A: Denkst du wirklich, dass ich nur deine Telefonnummer will? (Blicke ihr tief in die Augen und küsse sie gegebenenfalls.)
A: Wie kommst du auf die Idee, dass ich sie haben will?

F: Du bist ja ein richtiger Aufreißer!
A: Haha, du stehst auf mich! (Tätschle ihr den Kopf wie bei deiner kleinen Schwester)
A: Das hättest du wohl gerne!
A: Och wie süß, du bist ja richtig eifersüchtig!

F: Du willst mich doch nur wegen meinem guten Aussehen!
A: Kleine, gutes Aussehen ist heute sehr gewöhnlich. Die Frage ist viel mehr, was du mir sonst noch zu bieten hast?

F: Du bist so arrogant!
A: Und du stehst drauf!
A: Süße, das nennt man heute selbstbewusst.
A. Kommst du etwa mit selbstbewussten Männern nicht klar?

F: Wie wichtig ist dir Sex (in einer Beziehung)**?**
A: Sehr wichtig! Dir nicht?
A: Ich wusste gar nicht, dass du nymphomanisch veranlagt bist!
A: Ich liebe Sex! Es ist die intimste Verbindung zweier sich liebender Menschen die sich einander vollkommen hingeben! Oder siehst du das anders?

F: Andere Männer sind in eurer Umgebung, die sie interessieren
A: Wow, heute sind ja lauter Traumprinzen im Club! Ich wette, du würdest sofort mit jedem einzelnen hier in die Kiste springen! (Sie wird sich rechtfertigen und disqualifiziert damit automatisch alle anderen Männer im Raum.)

F (während dem Eskalieren): **Wir sollten aufhören!**
A: Stimmt, wir sollten aufhören (ignoriere es und mach weiter)
<u>Wichtig:</u> Natürlich ist dies von einem echten „Nein!“ zu unterscheiden. Ich traue dir dieses Mindestmaß an Intelligenz und Einfühlungsvermögen zu, immerhin bist du in der Lage, ein Buch zu lesen.

Nach dem Kennenlernen

F: Du bist so egoistisch!
A: Du hast völlig Recht. Vielleicht ist es besser für dich, wenn du mich eine Zeit lang nicht siehst. (Bring sie dazu, sich zu qualifizieren)

F: Liebst du mich?
A: Nicht so sehr wie Schokolade!
A: Mehr als meinen Fernseher (Pause), obwohl…

F: Wieso hast du nicht angerufen/zurückgerufen?
A: Ich kann nicht zeitgleich die Welt retten und immer auf Abruf bereit stehen!
A: Du hast doch auch Freunde, oder?
A: Besuchst du niemals deine Familie?

F (bei einer Terminvereinbarung): **Es kann sein, dass ich mich verspäte…**
A: Kein Problem, wenn du zu spät kommst bin ich schon nicht mehr da.
A: Ach? Ich dachte du wärst schon alt genug, die Uhr zu lesen?

Schlusswort

Eigentlich sollte im Schlusswort eine Zusammenfassung dieses Buches stehen, ein Abschluss dessen, was du bisher gelesen hast. Ich bin aber der festen Überzeugung, dass das Ende des Buches genau genommen einen Anfang darstellt. Nicht den Anfang irgendeiner unbedeutenden Geschichte, sondern den Beginn *deiner* Geschichte. Jetzt, wo du das Buch zu Ende gelesen hast – was denkst du? Was hat dir besonders viel gegeben? Was konntest du sofort umsetzen, **welche Ziele hast du dir für die Zukunft gesetzt?** Auf diesem, deinem Weg soll dich „Das System der Verführung" begleiten, als Nachschlagewerk, vielleicht sogar als Erinnerung an den entscheidenden Moment, als du beschlossen hast, etwas zu ändern. Und wer weiß, womöglich stehen wir uns eines Tages in einem Coaching gegenüber und du hast die Möglichkeit, mir zu berichten, wie viele Erfolge du seitdem erreichen konntest.

Besonders am Herzen liegt mir, dass du jetzt auf gar keinen Fall das Buch in die Ecke legst und dir denkst: Interessant, aber das schaffe ich nicht. Wenn du das wirklich von dir denkst, dann lies das Buch noch einmal! Ich habe unzählige Männer kennengelernt, die innerhalb weniger Wochen Dinge realisiert haben, von denen sie vorher nicht einmal geträumt hätten – andere wiederum brauchen über ein Jahr. **Alles beginnt mit einer Entscheidung.** Triff sie jetzt und lass nicht locker, bis du dir deine sehnlichsten Wünsche erfüllt hast!

Ich möchte betonen, dass ich meinen Weg ebenso nicht als Flirt-Profi begonnen habe. Genauso wie du habe ich Schritt für Schritt lernen müssen, was es bedeutet, *richtig* zu kommunizieren, *richtig* zu flirten. Aber auch wenn es viele Rückschläge gab – ich habe niemals aufgegeben! Und ich bin noch lange nicht am Ende meiner Reise angekommen. Diese Reise fand ihren Ursprung in der ehemals „geheimen" Gemeinschaft der Pick-Up-Artists, einer Trendbewegung, die ihren Ursprung in Amerika hat und zu Beginn stark von NLP und Psychotherapie beeinflusst wurde. Mit der Zeit wuchs die Community und der Fokus wandte sich mehr auf die spielerischen Aspekte des Flirts. Mit dem 6system habe ich seit jeher versucht, viele der Methoden und Aspekte dieser facettenreichen Lehren in einem eklektischen System, angereichert mit meiner langjährigen Coaching-Erfahrung, zusammenzufassen, mit dem sich jeder Mensch identifizieren kann.

Aber gerade ich weiß, dass selbst das beste System noch weiter verbessert werden kann. Deshalb bin ich jederzeit offen für deine persönlichen Anregungen, Erfolgserlebnisse oder Fragen.

Du erreichst mich jederzeit über info@6system.info oder das österreichische Verführungsforum:

www.austrianseduction.com

Literaturempfehlungen

Arden, Paul (2005): Phaidon Verlag
„Es kommt nicht darauf an, wer du bist, sondern wer du sein willst“

O’Connor, Joseph (2005): VAK Verlags GmbH
„Neurolinguistisches Programmieren. Gelungene Kommunikation und persönliche Entfaltung“

Jeffers, Susan (1997): Rider & Co
„Feel the fear and do it anyway”

Fast, Julis (1988): Pocket Books
„Body language”

Enkelmann, Nikolas B. (2006): Linde Verlag
„Mehr als überzeugen“

Ian Kerner (2005): Wilhelm Goldmann Verlag
„She comes first“

Joachim Bauer (2005): Hoffmann und Campe
„Warum ich fühle, was du fühlst”

Mehr Literatur- und Mediatipps findest du im Web unter:

www.6system.info/empfehlungen.html

Weblinks

www.6system.info

- Seminare
- Audio-CDs & DVDs
- Literatur
- Kostenloser Video Blog

Gegen Vorweisen der Rechnung für dieses Buch erhältst du auf alle **Coaching Angebote von 6system.info 5% Rabatt!**

Benutze dazu bei der Bestellung einfach folgenden Gutscheincode: „systemderverfuehrung“ und bring eine Kopie deiner Rechnung zum Termin mit!

www.austrianseduction.com

- Die deutschsprachige Community
- Austausch zu Themen rund um Verführung
- Kostenlose Beratung

www.ZHI.co.at

- ZHI CONsulting Trainer-Netzwerk

Danksagungen

Mein Dank gilt meiner Familie, meinen Freunden und der Pick-Up Community in Österreich, Deutschland und den Vereinigten Staaten. Insbesondere bedanken möchte ich mich an dieser Stelle bei Lisa, Carlos, Harry, Neil, Christoph und Michaela, die mir alle stets mit hilfreichem Rat zur Seite standen.

Ganz besonders bedanken

möchte ich mich bei

Stefan Strecker

für das schöne Vorwort

und die erfolgreiche Zusammenarbeit.

Lieber Leser, auch dir ein herzliches Dankeschön. Ich hoffe, du nutzt diese Möglichkeit, dein Leben so zu gestalten, wie du es dir wünscht – und dabei Ehrlichkeit, Liebe und Integrität als zentrale Wesensmerkmale zu verinnerlichen.

Über den Autor

Ben Schwarz und sein Team von 6system.info begleiten seit über 6 Jahren Männer auf dem Weg zum Erfolg. Damit zählen sie zu den erfahrensten Flirt-Coaches im deutschsprachigen Raum. Sie kommen aus den Bereichen des NLP, der praktischen Hypnose oder der rasch wachsenden Gemeinde der Pick-Up-Artists aus Amerika. Die Motivation hinter 6system steht unter dem Motto:

Wenn du kommunizierst, dann richtig!

Denn es ist die Kommunikation,

die uns zum Menschen macht.

Gewidmet ist dieses Buch all den wunderschönen, energetischen, abenteuerlustigen, genialen, witzigen, intelligenten und charismatischen Frauen, denen ich auf meinem bisherigen Weg begegnen durfte.